X

27886

TRAITÉ

DE LA CONJUGAISON

DES VERBES,

OUVRAGE QUI PEUT SERVIR DE SUPPLÉMENT
A LA PLUPART DES GRAMMAIRES ÉLÉMENTAIRES
QUI ONT PARU JUSQU'A CE JOUR ;

Par E. A. LEQUIEN,

AUTEUR DU TRAITÉ DES PARTICIPES
ET DE PLUSIEURS AUTRES OUVRAGES DE GRAMMAIRE.

QUATRIÈME ÉDITION.

Prix : 1 fr. 25 c., et 1 fr. 50 c., franc de port.

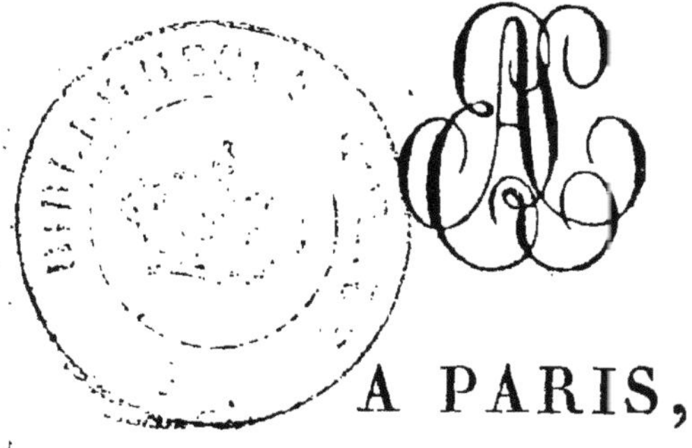

A PARIS,

CHEZ L'AUTEUR, RUE DE LA TACHERIE, N° 5,

QUARTIER DES ARCIS, PRÈS DU PONT NOTRE-DAME ;

Et chez les Libraires indiqués ci-contre.

MDCCCXV.

PREMIÈRE PARTIE.

NOTIONS PRÉLIMINAIRES.

—

Du Verbe en général.

LE verbe est un mot qui exprime l'action que fait
un sujet, comme, *Je* PARLE, *tu* CHANTES, *il* PORTE,
nous JOUONS, *vous vous* PROMENEZ, *ils se* SAUVENT;
ou l'état d'un sujet, comme, *Je* SUIS *malade*, *tu*
DORS, *il* LANGUIT, etc.

Des différentes sortes de Verbes.

Il y a cinq sortes de verbes: le verbe *actif*, le verbe *passif*, le verbe *neutre*, le verbe *pronominal*, et
le verbe *impersonnel*.

On appelle verbe *actif* celui qui a un régime direct,
ou, ce qui est la même chose, celui après lequel on
peut mettre *quelqu'un* ou *quelque chose*. *Aimer*,
recevoir, *connoître*, sont des verbes actifs, parce
qu'on peut dire: *Aimer quelqu'un, aimer quelque
chose; recevoir quelqu'un ou quelque chose; connoître quelqu'un* ou *quelque chose.*

On appelle verbe *passif* celui qui se forme de
l'actif, en prenant son régime direct pour en faire le
sujet du verbe passif, et en ajoutant après le verbe le
mot *par* ou *de*; comme, *Ce discours* A ÉTÉ PRONON-
CÉ *par mon frère; cette vérité* EST CONNUE *de tout le
monde.*

On appelle verbe *neutre* celui après lequel on ne
peut pas mettre *quelqu'un, quelque chose*, c'est-à-

dire celui qui n'a point de régime direct. *Dormir, languir, venir, arriver*, sont des verbes neutres, parce qu'on ne peut pas dire, *dormir quelqu'un, dormir quelque chose; languir quelqu'un, languir quelque chose; venir quelqu'un, venir quelque chose; ni arriver quelqu'un, arriver quelque chose.*

Un verbe actif sans régime direct est employé neutralement, mais il n'est point neutre pour cela.

On appelle verbe *pronominal* celui qui se conjugue avec deux pronoms de la même personne; comme, *je me flatte, je me promène, je me fâche, tu te divertis, tu te reposes, il se détourne, elle s'applique, nous nous sauvons, vous vous trompez, ils se tourmentent, elles se regardent*, etc. (1).

On appelle verbe *impersonnel* celui qui ne s'emploie, dans tous ses temps, qu'à la troisième personne du singulier; comme, *il pleut, il neige, il faut, il importe, il y a*, etc.

Un verbe qui n'est point impersonnel est employé impersonnellement quand, à la place du pronom *il*, on ne peut pas mettre un nom substantif; comme, *il semble que, il est à desirer que, il est arrivé que, il seroit à souhaiter que*, etc.

De la Conjugaison des Verbes.

Réciter de suite les différents modes d'un verbe, avec tous leurs temps, leurs personnes, et leurs nombres, cela s'appelle conjuguer.

Des Modes.

On appelle modes les différentes manières d'employer le verbe.

---

(1) On peut diviser les verbes pronominaux en verbes pronominaux actifs, verbes pronominaux passifs, verbes pronominaux neutres; et les verbes pronominaux actifs peuvent se

Il y a cinq modes dans les verbes françois :

1º. L'*indicatif*, quand on affirme qu'une chose est, qu'elle a été, ou qu'elle sera ;

2º. Le *conditionnel*, quand on dit qu'une chose seroit ou qu'elle auroit été moyennant une condition ;

3º. L'*impératif*, quand on commande à quelqu'un, ou qu'on prie quelqu'un de faire quelque chose ;

4º. Le *subjonctif*, qu'on emploie dans toutes les phrases subordonnées à d'autres phrases qui marquent une volonté, un souhait, le desir, le doute, la crainte, la peur, etc., et après quelques conjonctions qui veulent toujours le verbe au subjonctif ;

5º. L'*infinitif*, qui exprime l'action ou l'état en général, sans nombre ni personne, comme, *aimer, chanter, rire, boire, manger, dormir,* etc.

Des Temps.

On appelle *temps*, les différentes parties du verbe qui marquent le temps où se passent les actions dont on parle. Il y a trois temps principaux dans les verbes : le *présent*, qui marque qu'une chose est ou se fait présentement, comme *je lis ;* le *passé* ou *parfait,* qui marque qu'une chose a été faite, comme *je lus, j'ai lu ;* le *futur,* qui marque qu'une chose sera ou se fera, comme *je lirai.*

On compte vingt temps dans un verbe, tant simples que composés.

On en compte huit dans le mode indicatif :

1º. Le *présent*, qui marque qu'une chose se fait présentement ou habituellement ;

2º. L'*imparfait* ou *présent relatif*, qui marque qu'une chose se faisoit en même temps qu'une autre dans un temps passé ;

---

diviser en verbes réfléchis et en verbes réciproques : mais cela ne change rien au mécanisme de la conjugaison.

I.

3°. Le *parfait défini*, qui marque qu'une chose a été faite dans un temps déterminé qui est totalement écoulé;

4°. Le *parfait indéfini*, qui marque qu'une chose a été faite dans un temps qui n'est pas déterminé, ou qui, s'il est déterminé, n'est pas entièrement écoulé;

5°. Le *parfait antérieur*, qui marque qu'une chose a été faite avant une autre, dans un temps passé;

6°. Le *plus-que-parfait*, qui marque qu'une chose étoit déjà passée quand on en a fait une autre;

7°. Le *futur simple* ou *absolu*, qui marque qu'une chose se fera dans un temps qui n'est pas encore;

8°. Le *futur antérieur*, qui marque qu'une chose sera faite quand on en fera une autre.

Trois dans le mode conditionnel:

1°. Le *présent*, qui exprime qu'une chose se feroit présentement ou dans un temps futur, moyennant une condition;

2°. Le *passé*, qui marque qu'une chose se seroit faite dans un temps passé, moyennant une condition;

3°. Une seconde manière d'exprimer le passé du conditionnel.

Le mode *impératif* n'a qu'un temps qui exprime le présent par rapport à l'action de commander, et un futur par rapport à la chose commandée.

On compte quatre temps dans le mode subjonctif:

1°. Le *présent*, qui marque un présent ou un futur à l'égard du verbe avec lequel il entre en concordance;

2°. L'*imparfait*, qui marque un présent relatif ou un futur à l'égard du verbe avec lequel il entre en concordance;

2°. Le *parfait*, qui marque ordinairement un passé à l'égard du verbe avec lequel il entre en concordance;

4°. Le *plus-que-parfait*, qui exprime aussi un

passé à l'égard du verbe avec lequel il entre en concordance.

On en compte aussi quatre dans l'infinitif :

1°. Le *présent*,
2°. Le *parfait*,
3°. Le *participe présent*,
4°. Le *participe passé.*

Des Personnes.

Il y a trois personnes dans les verbes. La première personne est celle qui parle : elle est indiquée par les pronoms *je* et *nous* ; comme, *je parle, nous parlons.* La seconde personne est celle à qui l'on parle : elle est indiquée par les pronoms *tu* et *vous* ; comme, *tu parles, vous parlez.* La troisième personne est celle de qui l'on parle : elle est indiquée par les pronoms *il, elle, ils, elles* ; comme, *il* ou *elle parle, ils* ou *elles parlent.*

Un nom de personne ou un nom de chose, placé avant un verbe, indique toujours la troisième personne, à moins que ce nom ne soit en apostrophe (1) : *le soleil luit, le feu brûle, les livres sont lus, vos frères étudient.*

Des Nombres.

Les verbes ont aussi les deux nombres : le singulier quand il s'agit d'une seule personne ou d'une seule chose, comme *j'aime, tu aimes, il* ou *elle aime ;* et le pluriel, quand il s'agit de plusieurs personnes ou de plusieurs choses, comme *nous aimons, vous aimez, ils* ou *elles aiment.*

---

(1) Un nom est en apostrophe quand il désigne une personne ou une chose à laquelle on adresse la parole : le verbe qui se rapporte à un nom en apostrophe est toujours à la seconde personne.

Des différentes Conjugaisons.

Il y a quatre conjugaisons différentes, que l'on distingue par la terminaison du présent de l'infinitif.

La première conjugaison a l'infinitif terminé en ER, comme *aimer, chanter, manger,* etc.

La seconde a l'infinitif terminé en IR, comme *finir, guérir, souffrir,* etc.

Le troisième a l'infinitif terminé en OIR, comme *recevoir, vouloir, pouvoir,* etc.

La quatrième a l'infinitif terminé en RE, comme *rendre, coudre, lire, mettre,* etc.

Des Auxiliaires.

Outre ces quatre conjugaisons, il y a deux verbes qu'on nomme *auxiliaires,* parce qu'ils servent à conjuguer les autres verbes dans leurs temps composés : nous commencerons par ces deux verbes, qui sont AVOIR et ÊTRE.

CHAPITRE PREMIER.

Conjugaison du Verbe AVOIR.

INDICATIF. (1er *Mode*)

PRÉSENT.

J'ai,	Nous avons,
Tu as, (1)	Vous avez,
Il *ou* elle a,	Ils *ou* elles ont.

(1) Toutes les secondes personnes du singulier ont une S à la fin : dans quelques verbes seulement, la seconde personne est terminée par X.

IMPARFAIT.

J'avois,
Tu avois,
Il avoit,
Nous avions,
Vous aviez,
Ils avoient.

PARFAIT DÉFINI.

J'eus,
Tu eus,
Il eut,
Nous eûmes,
Vous eûtes,
Ils eurent.

PARFAIT INDÉFINI.

J'ai eu,
Tu as eu,
Il a eu,
Nous avons eu,
Vous avez eu,
Ils ont eu.

PARFAIT ANTÉRIEUR.

J'eus eu,
Tu eus eu,
Il eut eu,
Nous eûmes eu,
Vous eûtes eu,
Ils eurent eu.

PLUS-QUE-PARFAIT.

J'avois eu,
Tu avois eu,
Il avoit eu,
Nous avions eu,
Vous aviez eu,
Ils avoient eu.

FUTUR.

J'aurai,

Tu auras,
Il aura,
Nous aurons,
Vous aurez,
Ils auront.

FUTUR ANTÉRIEUR (1).

J'aurai eu,
Tu auras eu,
Il aura eu,
Nous aurons eu,
Vous aurez eu,
Il auront eu.

CONDITIONNEL. (2ᵉ *Mode*)

PRÉSENT.

J'aurois,
Tu aurois,
Il auroit,
Nous aurions,
Vous auriez,
Ils auroient.

PASSÉ.

J'aurois eu,
Tu aurois eu,
Il auroit eu,
Nous aurions eu,
Vous auriez eu,
Ils auroient eu.

AUTREMENT.

J'eusse eu,
Tu eusses eu,
Il eût eu,
Nous eussions eu,
Vous eussiez eu,
Ils eussent eu.

---

(1) On dit : *futur passé*, *futur composé*, *futur antérieur*.
J'ai cru cette dernière expression la plus convenable.

IMPÉRATIF. (3e *Mode*)

PRÉSENT ou FUTUR.

Aie (1),
Qu'il ait,
Ayons,
Ayez,
Qu'ils aient.

SUBJONCTIF. (4e *Mode*)

PRÉSENT ou FUTUR.

Que j'aie,
Que tu aies,
Qu'il ait,
Que nous ayons,
Que vous ayez,
Qu'ils aient.

IMPARFAIT.

Que j'eusse,
Que tu eusses,
Qu'il eût,
Que nous eussions,
Que vous eussiez,
Qu'ils eussent.

PARFAIT.

Que j'aie eu,
Que tu aies eu,
Qu'il ait eu,
Que nous ayons eu,
Que vous ayez eu,
Qu'ils aient eu.

PLUS-QUE-PARFAIT.

Que j'eusse eu,
Que tu eusses eu,
Qu'il eût eu,
Que nous eussions eu,
Que vous eussiez eu,
Qu'ils eussent eu.

INFINITIF. (5e *Mode*)

PRÉSENT.

Avoir.

PARFAIT.

Avoir eu.

PARTICIPE PRÉSENT.

Ayant.

PARTICIPE PASSÉ.

Eu, eue, ayant eu.

Avant de passer à la conjugaison d'un autre verbe, il faut être en état de faire celui-ci sans le secours du modèle. On peut le conjuguer avec un substantif; comme, *avoir faim, avoir soif, avoir peur, avoir envie, avoir tort, avoir raison, avoir droit, avoir occasion*, etc.

---

(1) L'impératif n'a point de première personne au singulier, parce que ce mode marque le commandement ou la prière, et qu'on ne peut ni se commander ni se prier de faire quelque chose; ce n'est même que pour me conformer à l'usage, que je donne les troisièmes personnes de ce mode, lesquelles sont absolument les mêmes que les troisièmes personnes du présent du subjonctif.

Manière de conjuguer le Verbe AVOIR *avec un Substantif.*

AVOIR FAIM.

INDICATIF.

PRÉSENT.

J'ai *faim*,
Tu as *faim*,
Il a *faim*,
Nous avons *faim*,
Vous avez *faim*,
Ils ont *faim*.

IMPARFAIT.

J'avois *faim*,
Tu avois *faim*,
Il avoit *faim*,
Nous avions *faim*,
Vous aviez *faim*,
Ils avoient *faim*.

La même chose à tous les autres temps.

CHAPITRE II.

Conjugaison du Verbe ÊTRE.

INDICATIF. (1ᵉʳ *Mode*)

PRÉSENT.

Je suis,
Tu es,
Il est,
Nous sommes,
Vous êtes,
Ils sont.

IMPARFAIT.

J'étois,
Tu étois,
Il étoit,
Nous étions,
Vous étiez,
Ils étoient.

PARFAIT DÉFINI.

Je fus,
Tu fus,

Il fut,
Nous fûmes,
Vous fûtes,
Ils furent.

PARFAIT INDÉFINI.

J'ai été,
Tu as été,
Il a été,
Nous avons été,
Vous avez été,
Ils ont été.

PARFAIT ANTÉRIEUR.

J'eus été,
Tu eus été,
Il eut été,
Nous eûmes été,
Vous eûtes été,
Ils eurent été.

I..

PLUS-QUE-PARFAIT.

J'avois été,
Tu avois été,
Il avoit été,
Nous avions été,
Vous aviez été,
Ils avoient été.

FUTUR.

Je serai,
Tu seras,
Il sera,
Nous serons,
Vous serez,
Ils seront,

FUTUR ANTÉRIEUR.

J'aurai été,
Tu auras été,
Il aura été,
Nous aurons été,
Vous aurez été,
Ils auront été.

CONDITIONNEL. (2e *Mode*)

PRÉSENT.

Je serois,
Tu serois,
Il seroit,
Nous serions,
Vous seriez,
Ils seroient.

PASSÉ.

J'aurois été,
Tu aurois été,
Il auroit été,
Nous aurions été,
Vous auriez été,
Ils auroient été.

AUTREMENT.

J'eusse été,
Tu eusses été,
Il eût été,
Nous eussions été,
Vous eussiez été,
Ils eussent été.

IMPÉRATIF. (3e *Mode*)

PRÉSENT *ou* FUTUR.

Sois,
Qu'il soit,
Soyons,
Soyez,
Qu'ils soient.

SUBJONCTIF. (4e *Mode*)

PRÉSENT *ou* FUTUR.

Que je sois,
Que tu sois,
Qu'il soit,
Que nous soyons,
Que vous soyez,
Qu'ils soient.

IMPARFAIT.

Que je fusse,
Que tu fusses,
Qu'il fût,
Que nous fussions,
Que vous fussiez,
Qu'ils fussent.

PARFAIT.

Que j'aie été,
Que tu aies été,
Qu'il ait été,
Que nous ayons été,
Que vous ayez été,
Qu'ils aient été.

PLUS-QUE-PARFAIT.

Que j'eusse été,
Que tu eusses été,
Qu'il eût été,
Que nous eussions été,
Que vous eussiez été,
Qu'ils eussent été.

INFINITIF. (5e *Mode*)

PRÉSENT.

Être.

PARFAIT.	PARTICIPE PASSÉ.
Avoir été.	Été, ayant été.
PARTICIPE PRÉSENT.	Le participe *été* est un mot
Étant.	invariable.

Conjuguez plusieurs fois ce verbe, tel que vous le voyez ici. Ensuite, conjuguez-le en y ajoutant un *adjectif.*

Manière de conjuguer le Verbe ÊTRE *avec un Adjectif.*

ÊTRE CONTENT.

INDICATIF.

PRÉSENT.

Masculin.	*Féminin.*
Je suis *content* (1),	Je suis *contente* (1),
Tu es *content*,	Tu es *contente*,
Il est *content*,	Elle est *contente*,
Nous sommes *contents* (2),	Nous sommes *contentes* (2),
Vous êtes *contents* (3),	Vous êtes *contentes* (3),
Ils sont *contents*.	Elles sont *contentes*.

IMPARFAIT.

J'étois *content*,	J'étois *contente*,
Tu étois *content*,	Tu étois *contente*
Il étoit *content*,	Elle étoit *contente*,
Nous étions *contents*,	Nous étions *contentes*,
Vous étiez *contents*,	Vous étiez *contentes*,
Ils étoient *contents*,	Elles étoient *contentes*.

La suite de même, en ajoutant l'adjectif *content* à tous les temps du verbe *être.*

Conjuguez de même, *être prudent, être complaisant, être poli, être grand, être petit, être sourd, être coupable, être honnête,* etc.

---

(1) Au féminin, on ajoute un E muet à l'adjectif.
(2) Au pluriel, on ajoute une S à l'adjectif.
(3) Quand le pronom vous est employé pour le pronom TU, l'adjectif reste au singulier : *Vous êtes content, Vous êtes contente.*

CHAPITRE III.

Verbes AVOIR *et* ÊTRE *conjugués avec interrogation.*

COMME j'ai été à même de remarquer ce qui embarrasse le plus les personnes peu accoutumées à écrire, j'ai trouvé qu'elles éprouvent toujours plus de difficulté en écrivant les verbes avec interrogation; comme, *ai-je? as-tu? a-t-il? avons-nous?* etc. Je vais conjuguer ici le verbe *avoir* et le verbe *être*, comme ils se trouvent ordinairement dans les phrases interrogatives.

AVOIR.   ÊTRE.

INDICATIF.

PRÉSENT.

AVOIR	ÊTRE
Ai-je?	Suis-je?
As-tu?	Es-tu?
A-t-il *ou* a-t-elle (1)?	Est-il *ou* est-elle?
Avons-nous?	Sommes-nous?
Avez-vous?	Êtes-vous?
Ont-ils *ou* ont-elles?	Sont-ils *ou* sont-elles?

IMPARFAIT.

AVOIR	ÊTRE
Avois-je?	Étois-je?
Avois-tu?	Étois-tu?
Avoit-il?	Étoit-il?
Avions-nous?	Étions-nous?
Aviez-vous?	Étiez-vous?
Avoient-ils?	Étoient-ils?

(1) Quand un verbe ne finit point par T ou par D à la troisième personne du singulier, il faut mettre un T entre deux traits d'union pour éviter la rencontre de la voyelle qui termine le verbe avec la voyelle qui commence le pronom: *a-t-il, a-t-elle,*

PARFAIT DÉFINI.

Eus-je?	Fus-je?
Eus-tu?	Fus-tu?
Eut-il?	Fut-il?
Eûmes-nous?	Fûmes-nous?
Eûtes-vous?	Fûtes-vous?
Eurent-ils?	Furent-ils?

PARFAIT INDÉFINI.

Ai-je eu?	Ai-je été?
As-tu eu?	As-tu été?
A-t-il eu?	A-t-il été?
Avons-nous eu?	Avons-nous été?
Avez-vous eu?	Avez-vous été?
Ont-ils eu?	Ont-ils été?

PARFAIT ANTÉRIEUR.

Eus-je eu?	Eus-je été?
Eus-tu eu?	Eus-tu été?
Eut-il eu?	Eut-il été?
Eûmes-nous eu?	Eûmes-nous été?
Eûtes-vous eu?	Eûtes-vous été?
Eurent-ils eu?	Eurent-ils été?

PLUS-QUE-PARFAIT.

Avois-je eu?	Avois-je été?
Avois-tu eu?	Avois-tu été?
Avoit-il eu?	Avoit-il été?
Avions-nous eu?	Avions-nous été?
Aviez-vous eu?	Aviez-vous été?
Avoient-ils eu?	Avoient-ils été?

FUTUR.

Aurai-je?	Serai-je?
Auras-tu?	Seras-tu?
Aura-t-il?	Sara-t-il?
Aurons-nous?	Serons-nous?
Aurez-vous?	Serez-vous?
Auront-ils?	Seront-ils?

FUTUR ANTÉRIEUR.

Aurai-je eu?	Aurai-je été?
Auras-tu eu?	Auras-tu été?
Aura-t-il eu?	Aura-t-il été?

a-t-on ; aura-t-il, aura-t-elle, aura-t-on. On met le T entre deux
traits d'union pour indiquer qu'il n'appartient ni au verbe ni
au pronom qui suit ce verbe.

Aurons-nous eu?	Aurons-nous été?
Aurez-vous eu?	Aurez-vous été?
Auront-ils eu?	Auront-ils été?

CONDITIONNEL.

PRÉSENT.

Aurois-je?	Serois-je?
Aurois-tu?	Serois-tu?
Auroit-il?	Seroit-il?
Aurions-nous?	Sérions-nous?
Auriez-vous?	Seriez-vous?
Auroient-ils?	Seroient-ils?

PASSÉ.

Aurois-je eu?	Aurois-je été?
Aurois-tu eu?	Aurois-tu été?
Auroit-il eu?	Auroit-il été?
Aurions-nous eu?	Aurions-nous été?
Auriez-vous eu?	Auriez-vous été?
Auroient-ils eu?	Auroient-ils été?

AUTREMENT.

Eussé-je eu (1)?	Eussé-je été?
Eusses-tu eu?	Eusses-tu été?
Eût-il eu?	Eût-il été?
Eussions-nous eu?	Eussions-nous été?
Eussiez-vous eu?	Eussiez-vous été?
Eussent-ils eu?	Eussent-ils été?

REMARQUE. Dans les temps du subjonctif, l'interrogation se marque dans le verbe qui précède: *Faut-il que j'aie? Falloit-il que j'eusse? Veut-on que je sois? Vouloit-on que je fusse?* L'impératif et l'infinitif ne sont susceptibles d'aucun changement dans la conjugaison, puisqu'il n'y a point de pronom sujet à ces deux modes.

---

(1) Quand la première personne d'un verbe est terminée par un E muet, comme J'EUSSE, on met un accent aigu sur l'E dans l'interrogation : EUSSÉ-JE? et non EUSSE-JE? (*Règle générale*).

CHAPITRE IV.

—

Conjugaison des Verbes Actifs.

Le verbe actif, comme nous l'avons déjà dit, est celui qui a ou qui peut avoir un régime direct.

Première Conjugaison.

INFINITIF EN ER.

DONNER, *Modèle.*

INDICATIF.

PRÉSENT.

Je donn*e*,
Tu donn*es*,
Il donn*e*,
Noūs donn*ons*,
Vous donn*ez*,
Ils donn*ent*.

IMPARFAIT.

Je donn*ois*,
Tu donn*ois*,
Il donn*oit*,
Nous donn*ions*,
Vous donn*iez*,
Ils donn*oient*.

PARFAIT DÉFINI.

Je donn*ai*,
Tu donn*as*,
Il donn*a*,
Nous donn*âmes*,
Vous donn*âtes*,
Ils donn*èrent*.

PARFAIT INDÉFINI.

J'ai donné,
Tu as donné,
Il a donné,

Nous avons donné,
Vous avez donné,
Ils ont donné.

PARFAIT ANTÉRIEUR.

Quand, lorsque

J'eus donné,
Tu eus donné,
Il eut donné,
Nous eûmes donné,
Vous eûtes donné,
Ils eurent donné.

PLUS-QUE-PARFAIT.

J'avois donné,
Tu avois donné,
Il avoit donné,
Nous avions donné,
Vous aviez donné,
Ils avoient donné.

FUTUR.

Je donn*erai*,
Tu donn*eras*,
Il donn*era*,
Nous donn*erons*,
Vous donn*erez*,
Ils donn*eront*.

FUTUR ANTÉRIEUR.

Quand, lorsque

J'aurai donné,
Tu auras donné,
Il aura donné,
Nous aurons donné,
Vous aurez donné,
Ils auront donné,

CONDITIONNEL.

PRÉSENT *ou* FUTUR.

J e donn *erois*,
Tu donn *erois*,
Il donn *eroit*,
Nous donn *erions*,
Vous donn *eriez*,
Ils donn *eroient*.

PASSÉ.

J'aurois donné,
Tu aurois donné,
Il auroit donné,
nous aurions donne,
Vous auriez donné,
Ils auroient donné.

AUTREMENT.

J'eusse donné,
Tu eusses donné,
Il eût donné,
Nous eussions donné,
Vous eussiez donné,
Ils eussent donné.

IMPÉRATIF.

PRÉSENT *ou* FUTUR.

Donn *e*,
Qu'il donn *e*,
Donn *ons*,
Donn *ez*,
Qu'ils donn *ent*.

SUBJONCTIF.

PRÉSENT, *ou* FUTUR.

Il faut, il faudra

Que je donn *e*,
Que tu donn *es*,

Qu'il donn *e*,
Que nous donn *ions*,
Que vous donn *iez*,
Qu'ils donn *ent*.

IMPARFAIT.

Il falloit, il faudroit

Que je donn *asse*,
Que tu donn *asses*,
Qu'il donn *ât*,
Que nous donn *assions*,
Que vous donn *assiez*,
Qu'ils donn *assent*.

PARFAIT.

On attend, on attendra

Que j'aie donné,
Que tu aies donné,
Qu'il ait donné,
Que nous ayons donné,
Que vous ayez donné,
Qu'ils aient donné.

PLUS-QUE-PARFAIT.

Il faudroit, il auroit fallu

Que j'eusse donné,
Que tu eusses donné,
Qu'il eût donné,
Que nous eussions donné,
Que vous eussiez donné,
Qu'ils eussent donné.

INFINITIF.

PRÉSENT.

Donn *er*.

PARFAIT.

Avoir donné.

PARTICIPE PRÉSENT.

Donn *ant*.

PARTICIPE PASSÉ.

Donn *é*, donn *ée*, ayant donné.

Remarquez avec attention les finales de tous les temps simples de ce verbe, que j'ai eu le soin de faire mettre en lettres italiques, et un peu détachées des lettres radicales (1) du verbe; et observez bien que, quelque verbe de la première conjugaison que vous vouliez conjuguer, il faut que vous trouviez ces mêmes finales à la suite de toutes les lettres qui composent l'*infinitif*, moins la finale ER.

Conjuguez de même les verbes suivants : *sonner, ordonner, pardonner, commander, commencer, parler, moissonner, calculer, frapper, sauter, marquer, casser, fouler, tacher, tâcher, penser, panser, arroser, arracher, raccommoder, porter, rapporter, nommer, rouler, doubler, aimer, former, enfoncer, tourner, dépenser, offenser, récompenser, fréquenter, prodiguer, embarrasser*, etc.

Pour les irrégularités qui peuvent se rencontrer dans les verbes de cette conjugaison, voyez le premier chapitre de la saconde partie de cet ouvrage.

Seconde conjugaison.

INFINITIF EN IR.

FINIR, *Modèle.*

INDICATIF.

PRÉSENT.	IMPARFAIT.
Je fin*is*,	Je finiss*ois*,
Tu fin*is*	Tu finiss*ois*,
Il fin*it*,	Il finiss*oit*,
Nous finiss*ons*,	Nous finiss*ions*,
Vous finiss*ez*,	Vous finiss*iez*,
Ils finiss*ent*.	Ils finiss*oient*.

---

(1) On appelle *lettres radicales*, dans un verbe, les lettres qui composent l'infinitif, moins la finale par laquelle on connoît de quelle conjugaison est un verbe; lesquelles lettres se trouvent à toutes les personnes et à tous les temps. **Par exemple,**

PARFAIT DÉFINI.

Je fin*is*,
Tu fin*is*,
Il fin*it* (1),
Nous fin*îmes*,
Vous fin*îtes*,
Ils fin*irent*.

PARFAIT INDÉFINI.

J'ai fini,
Tu as fini,
Il a fini,
Nous avons fini,
Vous avez fini,
Ils ont fini.

PARFAIT ANTÉRIEUR.

Quand, *lorsque*

J'eus fini,
Tu eus fini,
Il eut fini,
Nous eûmes fini,
Vous eûtes fini,
Ils eurent fini.

PLUS-QUE-PARFAIT.

J'avois fini,
Tu avois fini,
Il avoit fini,
Nous avions fini,
Vous aviez fini,
Ils avoient fini.

FUTUR.

Je fini*rai*,
Tu fini*ras*,
Il fini*ra*,
Nous fini*rons*,
Vous fini*rez*,
Ils fini*ront*.

FUTUR ANTÉRIEUR.

Quand, *lorsque*

J'aurai fini,
Tu auras fini,
Il aura fini,
Nous aurons fini,
Vous aurez fini,
Ils auront fini,

CONDITIONNEL.

PRÉSENT *ou* FUTUR.

Je fini*rois*,
Tu fini*rois*,
Il fini*roit*,
Nous fini*rions*,
Vous fini*riez*,
Ils fini*roient*.

PASSÉ.

J'aurois fini,
Tu aurois fini,
Il auroit fini,
Nous aurions fini,
Vous auriez fini,
Ils auroient fini.

AUTREMENT.

J'eusse fini,
Tu eusses fini,
Il eût fini,
Nous eussions fini,
Vous eussiez fini,
Ils eussent fini.

IMPÉRATIF.

PRÉSENT *ou* FUTUR.

Fin*is*,
Qu'il finiss*e*,

---

les *lettres radicales* du verbe *donner*, sont *donn*; lettres qui pré-
cèdent la finale ER, et qui se trouvent à toutes les personnes de
chaque temps du verbe *donner*, comme on peut le voir par la
conjugaison de ce verbe.

(1) Dans tous les verbes qui se conjuguent régulièrement
comme *finir*, le singulier du *parfait défini* est semblable au singulier du *présent*.

Finiss*ons*,
Finiss*ez*,
Qu'ils finiss*ent*.

SUBJONCTIF.

PRÉSENT *ou* FUTUR.

On veut, on voudra

Que je finiss*e*,
Que tu finiss*es*,
Qu'il finiss*e*,
Que nous finiss*ions*,
Que vous finiss*iez*,
Qu'ils finiss*ent*.

IMPARFAIT.

On vouloit, on voudroit

Que je fin*isse* (1),
Que tu fin*isses*,
Qu'il fin*ît* :
Que nous fin*issions*,
Que vous fin*issiez*,
Qu'ils fin*issent*.

PARFAIT.

On a voulu, ou aura voulu

Que j'aie fini,
Que tu aies fini,

Qu'il ait fini,
Que nous ayons fini,
Que vous ayez fini,
Qu'ils aient fini.

PLUS-QUE-PARFAIT.

On auroit ou *on eût attendu*

Que j'eusse fini,
Que tu eusses fini,
Qu'il eût fini,
Que nous eussions fini,
Que vous eussiez fini,
Qu'ils eussent fini.

INFINITIF.

PRÉSENT.

Fin*ir*.

PASSÉ.

Avoir fini.

PARTICIPE PRÉSENT.

Finiss*ant*.

PARTICIPE PASSÉ.

Fin*i*, fin*ie*, ayant fini.

Conjuguez de même les verbes suivants : *Définir, guérir, punir, fournir, nourrir, avertir, divertir, convertir, pervertir, blanchir, élargir, établir, ensevelir, attendrir, approfondir, emplir, remplir, amollir, anéantir, affermir, bâtir, démolir, saisir engloutir, munir, tarir, amortir, affoiblir, aplanir, ternir*, etc.

Et pour les verbes irréguliers de cette conjugaison, voyez le deuxième chapitre de la seconde partie.

---

(1) Dans tous les verbes qui se conjuguent régulièrement comme *finir*, l'imparfait du subjonctif est semblable au présent du même mode, excepté la troisième personne du singulier.

Troisième Conjugaison.

INFINITIF en OIR.

RECEVOIR, *Modèle.*

INDICATIF.

PRÉSENT.

Je reçoi*s*,
Tu reçoi*s*,
Il reçoi*t*,
Nous recev*ons*,
Vous recev*ez*,
Ils reçoi*vent*.

IMPARFAIT.

Je recev*ois*,
Tu recev*ois*,
Il recev*oit*,
Nous recev*ions*,
Vous recev*iez*,
Ils recev*oient*.

PARFAIT DÉFINI.

Je reç*us*,
Tu reç*us*,
Il reç*ut*,
Nous reç*ûmes*,
Vous reç*ûtes*,
Ils reç*urent*.

PARFAIT INDÉFINI.

J'ai reçu,
Tu as reçu,
Il a reçu,
Nous avons reçu,
Vous avez reçu,
Ils ont reçu.

— PARFAIT ANTÉRIEUR

Quand, lorsque

J'eus reçu,
Tu eus reçu,
Il eut reçu,

Nous eûmes reçu,
Vous eûtes reçu,
Ils eurent reçu.

PLUS-QUE-PARFAIT.

J'avois reçu,
Tu avois reçu,
Il avoit reçu,
Nous avions reçu,
Vous aviez reçu,
Ils avoient reçu.

FUTUR.

Je recev*rai*,
Tu recev*ras*,
Il recev*ra*,
Nous recev*rons*,
Vous recev*rez*,
Ils recev*ront*.

FUTUR ANTÉRIEUR.

Quand, lorsque

J'aurai reçu,
Tu auras reçu,
Il aura reçu,
Nous aurons reçu,
Vous aurez reçu,
Ils auront reçu.

CONDITIONNEL.

PRÉSENT ou FUTUR.

Je recev*rois*,
Tu recev*rois*,
Il recev*roit*,
Nous recev*rions*,
Vous recev*riez*,
Ils recev*roient*.

PASSÉ.

J'aurois reçu,
Tu aurois reçu,
Il auroit reçu,
Nous aurions reçu,
Vous auriez reçu,
Ils auroient reçu.

AUTREMENT.

J'eusse reçu,
Tu eusses reçu,
Il eût reçu,
Nous eussions reçu,
Vous eussiez reçu,
Ils eussent reçu.

IMPÉRATIF.

PRÉSENT *ou* FUTUR.

Reçois,
Qu'il reçoive,
Recevons,
Recevez,
Qu'ils reçoivent.

SUBJONCTIF.

PRÉSENT *ou* FUTUR.

Il est possible

Que je reçoive,
Que tu reçoives,
Qu'il reçoive,
Que nous recevions,
Que vous receviez,
Qu'ils reçoivent.

IMPARFAIT.

Il seroit possible

Que je reçusse,
Que tu reçusses,

Qu'il reçût,
Que nous reçussions,
Que vous reçussiez,
Qu'ils reçussent.

PARFAIT.

Il est possible

Que j'aie reçu,
Que tu aies reçu,
Qu'il ait reçu,
Que nous ayons reçu,
Que vous ayez reçu,
Qu'ils aient reçu.

PLUS-QUE-PARFAIT.

Il seroit possible

Que j'eusse reçu,
Que tu eusses reçu,
Qu'il eût reçu,
Que nous eussions reçu,
Que vous eussiez reçu,
Qu'ils eussent reçu.

INFINITIF.

PRÉSENT.

Recevoir.

PASSÉ.

Avoir reçu.

PARTICIPE PRÉSENT.

Recevant.

PARTICIPE PASSÉ.

Reçu, reçue, ayant reçu.

Conjuguez de même les verbes suivants: *Apercevoir, concevoir, décevoir, devoir.* Le participe passé de ce dernier prend un accent circonflexe au masculin seulement, *dû, due, dus, dues.*

Et pour les verbes irréguliers de cette conjugaison, voyez le troisième chapitre de la seconde partie.

Quatrième Conjugaison.

INFINITIF EN RE.

RENDRE , *Modèle.*

INDICATIF.

PRÉSENT.

Je rend*s*,
Tu rend*s*,
Il ren*d*,
Nous rend*ons*,
Vous rend*ez*,
Ils rend*ent*.

IMPARFAIT.

Je rend*ois*,
Tu rend*ois*,
Il rend*oit*,
Nous rend*ions*,
Vous rend*iez*,
Ils rend*oient*.

PARFAIT DÉFINI.

Je rend*is*,
Tu rend*is*,
Il rend*it*,
Nous rend*îmes*,
Vous rend*îtes*,
Ils rend*irent*.

PARFAIT INDÉFINI.

J'ai rendu,
Tu as rendu,
Il a rendu,
Nous avons rendu,
Vous avez rendu,
Ils ont rendu.

PARFAIT ANTÉRIEUR.

Quand, lorsque

J'eus rendu,
Tu eus rendu,
Il eut rendu,

Nous eûmes rendu,
Vous eûtes rendu,
Ils eurent rendu.

PLUS-QUE-PARFAIT.

J'avois rendu,
Tu avois rendu,
Il avoit rendu,
Nous avions rendu,
Vous aviez rendu,
Ils avoient rendu.

FUTUR.

Je rend*rai*,
Tu rend*ras*,
Il rend*ra*,
Nous rend*rons*,
Vous rend*rez*,
Ils rend*ront*.

FUTUR ANTÉRIEUR.

Quand, lorsque

J'aurai rendu,
Tu auras rendu,
Il aura rendu,
Nous aurons rendu,
Vous aurez rendu,
Ils auront rendu.

CONDITIONNEL.

PRÉSENT *ou* FUTUR.

Je rend*rois*,
Tu rend*rois*,
Il rend*roit*,
Nous rend*rions*,
Vous rend*riez*,
Ils rend*roient*.

PASSÉ.

J'aurois rendu,
Tu aurois rendu,
Il auroit rendu,
Nous aurions rendu,
Vous auriez rendu,
Ils auroient rendu.

AUTREMENT.

J'eusse rendu,
Tu eusses rendu,
Il eût rendu,
Nous eussions rendu,
Vous eussiez rendu,
Ils eussent rendu.

IMPÉRATIF.

PRÉSENT *ou* FUTUR.

Rend *s*,
Qu'il rend *e*,
Rend *ons*,
Rend *ez*,
Qu'ils rend *ent*.

SUBJONCTIF.

PRÉSENT OU FUTUR.

Il est temps

Que je rend *e*,
Que tu rend *es*,
Qu'il rend *e*,
Que nous rend *ions*,
Que vous rend *iez*,
Qu'ils rend *ent*.

IMPARFAIT.

On voulut

Que je rend *isse*,
Que tu rend *isses*,

Qu'il rend *it*,
Que nous rend *issions*,
Que vous rend *issiez*,
Qu'ils rend *issent*.

PARFAIT.

Il a fallu

Que j'aie rendu,
Que tu aies rendu,
Qu'il ait rendu,
Que nous ayons rendu,
Que vous ayez rendu,
Qu'ils aient rendu.

PLUS-QUE-PARFAIT.

On auroit souhaité

Que j'eusse rendu,
Que tu eusses rendu,
Qu'il eût rendu,
Que nous eussions rendu,
Que vous eussiez rendu,
Qu'ils eussent rendu.

INFINITIF.

PRÉSENT.

Rend *re*.

PARFAIT.

Avoir rendu.

PARTICIPE PRÉSENT.

Rend *ant*.

PARTICIPE PASSÉ.

Rend *u*, rend *ue*, ayant rendu.

Conjuguez de même les verbes suivants : *Vendre, tendre, détendre, attendre, étendre, entendre, pendre, suspendre, descendre, répandre, prétendre, fendre, défendre, refendre, tondre, fondre, refondre, confondre, pondre, répondre, mordre, tordre, perdre,* etc.

Et pour les verbes irréguliers de cette conjugaison, voyez le quatrième chapitre de la seconde partie.

CHAPITRE V.

LES MÊMES VERBES CONJUGUÉS AVEC INTERROGATION.

Première Conjugaison.

DONNER.

INDICATIF.

PRÉSENT.

Donné-je (1)?
Donnes-tu?
Donne-t-il?
Donnons-nous?
Donnez-vous?
Donnent-ils?

IMPARFAIT.

Donnois-je?
Donnois-tu?
Donnoit-il?
Donnions-nous?
Donniez-vous?
Donnoient-ils?

PARFAIT DÉFINI.

Donnai-je?
Donnas-tu?
Donna-t-il?
Donnâmes-nous?
Donnâtes-vous?
Donnèrent-ils?

PARFAIT INDÉFINI.

Ai-je donné?
As-tu donné?

A-t-il donné?
Avons-nous donné?
Avez-vous donné?
Ont-ils donné?

PARFAIT ANTÉRIEUR.

Eus-je donné?
Eus-tu donné?
Eut-il donné?
Eûmes-nous donné?
Eûtes-vous donné?
Eurent-ils donné?

PLUS-QUE-PARFAIT.

Avois-je donné?
Avois-tu donné?
Avoit-il donné?
Avions-nous donné?
Aviez-vous donné?
Avoient-ils donné?

FUTUR.

Donnerai-je?
Donneras-tu?
Donnera-t-il?
Donnerons-nous?
Donnerez-vous?
Donneront-ils?

---

(1) J'ai déjà dit que toutes les premières personnes du singulier terminées par un E muet, prennent un accent aigu sur l'É dans l'interrogation : *J'aime, aimé-je? je chante, chanté-je? je donne, donné-je.*

FUTUR ANTÉRIEUR.

Aurai-je donné ?
Auras-tu donné ?
Aura-t-il donné ?
Aurons-nous donné ?
Aurez-vous donné ?
Auront-ils donné ?

CONDITIONNEL.

PRÉSENT.

Donnerois-je ?
Donnerois-tu ?
Donneroit-il ?
Donnerions-nous ?
Donneriez-vous ?
Donneroient-ils ?

PASSÉ.

Aurois-je donné ?
Aurois-tu donné ?
Auroit-il donné ?
Aurions-nous donné ?
Auriez-vous donné ?
Auroient-ils donné ?

AUTREMENT.

Eussé-je donné ?
Eusses-tu donné ?
Eût-il donné ?
Eussions-nous donné ?
Eussiez-vous donné ?
Eussent-ils donné ?

Conjuguez de même quelques verbes de la première conjugaison ; observant qu'un verbe ne peut se conjuguer ainsi que jusqu'au passé du conditionnel.

Seconde Conjugaison.

FINIR.

INDICATIF.

PRÉSENT.

Finis-je ?
Finis-tu ?
Finit-il ?
Finissons-nous ?
Finissez-vous ?
Finissent-ils ?

IMPARFAIT.

Finissois-je ?
Finissois-tu ?
Finissoit-il ?
Finissions-nous ?
Finissiez-vous ?
Finissoient-ils ?

PARFAIT DÉFINI.

Finis-je ?
Finis-tu ?

Finit-il ?
Finîmes-nous ?
Finîtes-vous ?
Finirent-ils ?

PARFAIT INDÉFINI.

Ai-je fini ?
As-tu fini ?
A-t-il fini ?
Avons-nous fini ?
Avez-vous fini ?
Ont-ils fini ?

PARFAIT ANTÉRIEUR.

Eus-je fini ?
Eus-tu fini ?
Eut-il fini ?
Eûmes-nous fini ?
Eûtes-vous fini ?
Eurent-ils fini ?

PLUS-QUE-PARFAIT.

Avois-je fini ?
Avois-tu fini ?
Avoit-il fini ?
Ayions-nous fini ?
Aviez-vous fini ?
Avoient-ils fini ?

FUTUR.

Finirai-je ?
Finiras-tu ?
Finira-t-il ?
Finirons-nous ?
Finirez-vous ?
Finiront-ils ?

FUTUR ANTÉRIEUR.

Aurai-je fini ?
Auras-tu fini ?
Aura-t-il fini ?
Aurons-nous fini ?
Aurez-vous fini ?
Auront-ils fini ?

CONDITIONNEL.

PRÉSENT.

Finirois-je ?
Finirois-tu ?
Finiroit-il ?
Finirions-nous ?
Finiriez-vous ?
Finiroient-ils ?

PASSÉ.

Aurois-je fini ?
Aurois-tu fini ?
Auroit-il fini ?
Aurions-nous fini ?
Auriez-vous fini ?
Auroient-ils fini ?

AUTREMENT.

Eussé-je fini ?
Eusses-tu fini ?
Eût-il fini ?
Eussions-nous fini ?
Eussiez-vous fini ?
Eussent-ils fini ?

Conjuguez de même quelques verbes de la seconde conjugaison.

Troisième Conjugaison.

RECEVOIR.

INDICATIF.

PRÉSENT.

Reçois-je ?
Reçois-tu ?
Reçoit-il ?
Recevons-nous ?
Recevez-vous ?
Reçoivent-ils ?

IMPARFAIT.

Recevois-je ?
Recevois-tu ?
Recevoit-il ?

Recevions-nous ?
Receviez-vous ?
Recevoient-ils ?

PARFAIT DÉFINI.

Reçus-je ?
Reçus-tu ?
Reçut-il ?
Reçûmes-nous ?
Reçûtes-vous ?
Reçurent-ils ?

PARFAIT INDÉFINI.

Ai-je reçu ?

As-tu reçu ?
A-t-il reçu ?
Avons-nous reçu ?
Avez-vous reçu ?
Ont-ils reçu ?

PARFAIT ANTÉRIEUR.

Eus-je reçu ?
Eus-tu reçu ?
Eut-il reçu ?
Eûmes-nous reçu ?
Eûtes-vous reçu ?
Eurent-ils reçu ?

PLUS-QUE-PARFAIT.

Avois-je reçu ?
Avois-tu reçu ?
Avoit-il reçu ?
Avions-nous reçu ?
Aviez-vous reçu ?
Avoient-ils reçu ?

FUTUR.

Recevrai-je ?
Recevras-tu ?
Recevra-t-il ?
Recevrons-nous ?
Recevrez-vous ?
Recevront-ils ?

FUTUR ANTÉRIEUR.

Aurai-je reçu ?

Auras-tu reçu ?
Aura-t-il reçu ?
Aurons-nous reçu ?
Aurez-vous reçu ?
Auront-ils reçu ?

CONDITIONNEL.

PRÉSENT.

Recevrois-je ?
Recevrois-tu ?
Recevroit-il ?
Recevrions-nous ?
Recevriez-vous ?
Recevroient-ils ?

PASSÉ.

Aurois-je reçu ?
Aurois-tu reçu ?
Auroit-il reçu ?
Aurions-nous reçu ?
Auriez-vous reçu ?
Auroient-ils reçu ?

AUTREMENT.

Eussé-je reçu ?
Eusses-tu reçu ?
Eût-il reçu ?
Eussions-nous reçu ?
Eussiez-vous reçu ?
Eussent-ils reçu ?

Conjuguez de même quelques verbes de la troisième conjugaison.

Quatrième Conjugaison.

RENDRE.

INDICATIF.

PRÉSENT.

Rends-je (1) ?
Rends-tu ?

Rend-il ?
Rendons-nous ?
Rendez-vous ?
Rendent-ils ?

---

(1) L'usage ne permet pas toujours cette manière d'interroger à la première personne, parce que la prononciation en

2.

<table>
<tr><td valign="top" width="50%">

IMPARFAIT.

Rendois-je?
Rendois-tu?
Rendoit-il?
Rendions-nous?
Rendiez-vous?
Rendoient-ils?

PARFAIT DÉFINI.

Rendis-je?
Rendis-tu?
Rendit-il?
Rendîmes-nous?
Rendîtes-vous?
Rendirent-ils?

PARFAIT INDÉFINI.

Ai-je rendu?
As-tu rendu?
A-t-il rendu?
Avons-nous rendu?
Avez-vous rendu?
Ont-ils rendu?

PARFAIT ANTÉRIEUR.

Eus-je rendu?
Eus-tu rendu?
Eut-il rendu?
Eûmes-nous rendu?
Eûtes-vous rendu?
Eurent-ils rendu?

PLUS-QUE-PARFAIT.

Avois-je rendu?
Avois-tu rendu?
Avoit-il rendu?
Avions-nous rendu?
Aviez-vous rendu?
Avoient-ils rendu?

</td><td valign="top" width="50%">

FUTUR.

Rendrai-je?
Rendras-tu?
Rendra-t-il?
Rendrons-nous?
Rendrez-vous?
Rendront-ils?

FUTUR ANTÉRIEUR.

Aurai-je rendu?
Auras-tu rendu?
Aura-t-il rendu?
Aurons-nous rendu?
Aurez-vous rendu?
Auront-ils rendu?

CONDITIONNEL.

PRÉSENT.

Rendrois-je?
Rendrois-tu?
Rendroit-il?
Rendrions-nous?
Rendriez-vous?
Rendroient-ils?

PASSÉ.

Aurois-je rendu?
Aurois-tu rendu?
Auroit-il rendu?
Aurions-nous rendu?
auriez-vous rendu?
Auroient-ils rendu?

AUTREMENT.

Eussé-je rendu?
Eusses-tu rendu?
Eût-il rendu?
Eussions-nous rendu?
Eussiez-vous rendu?
Eussent-ils rendu?

</td></tr>
</table>

---

seroit désagréable. On ne dit point : *Rends-je? vends-je? mens-je? perds-je? fonds-je? réponds-je? pars-je? cours-je? dors-je?* Quelquefois même on ne seroit point entendu : on confondroit facilement, *rends-je? vends-je? mens-je?* avec les impératifs, *Range, venge, mange.* Alors il faut prendre un autre tour, et dire, *Est-ce que je rends? est-ce que je mens? est ce que je cours?*

Conjuguez de même quelques verbes de la quatrième conjugaison.

CHAPITRE VI.

Conjugaison des Verbes Passifs.

Il n'y a qu'une seule conjugaison pour tous les verbes passifs : c'est le verbe ÊTRE dans tous ses temps, auquel on ajoute le participe du verbe actif dont on veut le passif ; mais ce participe prend le genre et le nombre du sujet du verbe. On dit, *mon frère* EST AIMÉ, *ma sœur* EST AIMÉE ; *mon habit* EST FAIT, *ma robe* EST FAITE ; *le feu* EST ÉTEINT, *la bougie* EST ÉTEINTE.

Verbe passif ÊTRE AIMÉ.

INDICATIF.
PRÉSENT.

Masculin.	*Féminin.*
Je suis *aimé*,	Je suis *aimée* (1),
Tu es *aimé*,	Tu es *aimée*,
Il est *aimé*,	Elle est *aimée*,
Nous sommes *aimés* (2),	Nous sommes *aimées* (2),
Vous êtes *aimés* (3),	Vous êtes *aimées* (3),
Ils sont *aimés*.	Elles sont *aimées*.

IMPARFAIT.

J'étois *aimé*,	J'étois *aimée*,
Tu étois *aimé*,	Tu étois *aimée*,
Il étoit *aimé*,	Elle étoit *aimée*,
Nous étions *aimés*,	Nous étions *aimées*,
Vous étiez *aimés*,	Vous étiez *aimées*,
Ils étoient *aimés*.	Elles étoient *aimées*.

---

(1) On ajoute un *e* muet au participe, pour former le féminin.

(2) On ajoute une *s* au participe, pour former le pluriel.

(3) Quand le pronom vous est employé pour le pronom TU, le participe reste au singulier : *vous êtes aimé*, ou *aimée*.

PARFAIT DÉFINI.

Masculin.	*Féminin.*
Je fus *aimé*,	Je fus *aimée*,
Tu fus *aimé*,	tu fus *aimée*,
Il fut *aimé*,	Elle fut *aimée*,
Nous fûmes *aimés*,	Nous fûmes *aimées*,
Vous fûtes *aimés*,	Vous fûtes *aimées*,
Ils furent *aimés*.	Elles furent *aimées*.

PARFAIT INDÉFINI.

J'ai été *aimé*,	J'ai été *aimée*,
Tu as été *aimé*,	Tu as été *aimée*,
Il a été *aimé*,	Elle a été *aimée*,
Nous avons été *aimés*,	Nous avons été *aimées*,
Vous avez été *aimés*,	Vous avez été *aimées*,
Ils ont été *aimés*.	Elles ont été *aimées*.

PARFAIT ANTÉRIEUR.

J'eus été *aimé*,	J'eus été *aimée*,
Tu eus été *aimé*,	Tu eus été *aimée*,
Il eut été *aimé*,	Elle eut été *aimée*,
Nous eûmes été *aimés*,	Nous eûmes été *aimées*,
Vous eûtes été *aimés*,	Vous eûtes été *aimées*
Ils eurent été *aimés*.	Elles eurent été *aimées*.

PLUS-QUE-PARFAIT.

J'avois été *aimé*,	J'avois été *aimée*,
Tu avois été *aimé*,	Tu avois été *aimée*,
Il avoit été *aimé*,	Elle avoit été *aimée*,
Nous avions été *aimés*,	Nous avions été *aimées*,
Vous aviez été *aimés*,	Vous aviez été *aimées*,
Ils avoient été *aimés*.	Elles avoient été *aimées*,

FUTUR.

Je serai *aimé*,	Je serai *aimée*,
Tu seras *aimé*,	Tu seras *aimée*,
Il sera *aimé*,	Elle sera *aimée*,
Nous serons *aimés*,	Nous serons *aimées*,
Vous serez *aimés*,	Vous serez *aimées*,
Ils seront *aimés*.	Elles seront *aimées*.

FUTUR ANTÉRIEUR.

J'aurai été *aimé*,	J'aurai été *aimée*,
Tu auras été *aimé*,	Tu auras été *aimée*,
Il aura été *aimé*,	Elle aura été *aimée*,
Nous aurons été *aimés*,	Nous aurons été *aimées*,

Masculin.	*Féminin.*
Vous aurez été *aimés*,	Vous aurez été *aimées*,
Ils auront été *aimés*.	Elles auront été *aimées*.

CONDITIONNEL.

PRÉSENT *ou* FUTUR.

Je serois *aimé*,	Je serois *aimée*,
Tu serois *aimé*,	Tu serois *aimée*,
Il seroit *aimé*,	Elle seroit *aimée*,
Nous serions *aimés*,	Nous serions *aimées*,
Vous seriez *aimés*,	Vous seriez *aimées*,
Ils seroient *aimés*.	Elles seroient *aimées*.

PASSÉ.

J'aurois été *aimé*,	J'aurois été *aimée*,
Tu aurois été *aimé*,	Tu aurois été *aimée*,
Il auroit été *aimé*,	Elle auroit été *aimée*,
Nous aurions été *aimés*,	Nous aurions été *aimées*,
Vous auriez été *aimés*,	Vous auriez été *aimées*,
Ils auroient été *aimés*.	Elles auroient été *aimées*.

AUTREMENT.

J'eusse été *aimé*,	J'eusse été *aimée*,
Tu eusses été *aimé*,	Tu eusses été *aimée*,
Il eût été *aimé*,	Elle eût été *aimée*,
Nous eussions été *aimés*,	Nous eussions été *aimées*,
Vous eussiez été *aimés*,	Vous eussiez été *aimées*,
Ils eussent été *aimés*.	Elles eussent été *aimées*.

IMPÉRATIF.

PRÉSENT *ou* FUTUR.

Sois *aimé*,	Sois *aimée*,
Qu'il soit *aimé*,	Qu'elle soit *aimée*,
Soyons *aimés*,	Soyons *aimées*,
Soyez *aimés*,	Soyez *aimées*,
Qu'ils soient *aimés*.	Qu'elles soient *aimées*.

SUBJONCTIF.

PRÉSENT *ou* FUTUR.

Que je sois *aimé*,	Que je sois *aimée*,
Que tu sois *aimé*,	Que tu sois *aimée*,
Qu'il soit *aimé*,	Qu'elle soit *aimée*,
Que nous soyons *aimés*,	Que nous soyons *aimées*,
Que vous soyez *aimés*,	Que vous soyez *aimées*,
Qu'ils soient *aimés*.	Qu'elles soient *aimées*.

IMPARFAIT.

Masculin.	Féminin.
Que je fusse *aimé*,	Que je fusse *aimée*,
Que tu fusses *aimé*,	Que tu fusses *aimée*,
Qu'il fût *aimé*,	Qu'elle fût *aimée*,
Que nous fussions *aimés*,	Que nous fussions *aimées*,
Que vous fussiez *aimés*,	Que vous fussiez *aimées*,
Qu'ils fussent *aimés*.	Qu'elles fussent *aimées*.

PARFAIT.

Que j'aie été *aimé*,	Que j'aie été *aimée*,
Que tu aies été *aimé*,	Que tu aies été *aimée*,
Qu'il ait été *aimé*,	Qu'elle ait été *aimée*,
Que nous ayons été *aimés*,	Que nous ayons été *aimées*,
Que vous ayez été *aimés*,	Que vous ayez été *aimées*,
Qu'ils aient été *aimés*.	Qu'elles aient été *aimées*.

PLUS-QUE-PARFAIT.

Que j'eusse été *aimé*,	Que j'eusse été *aimée*,
Que tu eusses été *aimé*,	Que tu eusses été *aimée*,
Qu'il eût été *aimé*,	Qu'elle eût été *aimée*,
Que nous eussions été *aimés*,	Que nous eussions été *aimées*,
Que vous eussiez été *aimés*,	Que vous eussiez été *aimées*,
Qu'ils eussent été *aimés*.	Qu'elles eussent été *aimées*.

INFINITIF.

PRÉSENT.

Masculin.	Féminin.
Être *aimé*.	Être *aimée*.

PARFAIT.

Avoir été *aimé*.	Avoir été *aimée*.

PARTICIPE PRÉSENT.

Étant *aimé*.	Étant *aimée*.

PARTICIPE PASSÉ.

Ayant été *aimé*.	Ayant été *aimée*.

Il faut conjuguer de même les verbes passifs suivants: *être loué, être admiré, être guéri, être averti, être puni, être reçu, être aperçu, être lu, être entendu, être satisfait, être pris,* etc.

Mais, comme cette manière de conjuguer pourroit paroître fort longue, on peut se dispenser de faire le masculin et le féminin à la fois : on conjugue un verbe passif au masculin, dans tous ses temps ; et, une autre fois, on en conjugue un autre au féminin.

CHAPITRE VII.

Verbes Neutres.

J'ai dit qu'on appelle verbe neutre celui après lequel on ne peut pas mettre *quelqu'un*, *quelque chose*, ou, ce qui est la même chose, celui qui n'a point de régime direct.

La plupart des verbes neutres se conjuguent, comme les verbes actifs, avec l'auxiliaire *avoir*; comme *marcher*, *dormir*, *languir*, qui font *j'ai marché*, *j'ai dormi*, *j'ai langui* : alors les verbes *aimer*, *finir*, *recevoir*, *rendre*, servent de modèles pour ces verbes, comme pour les verbes actifs. La seule différence qu'il y ait entre le verbe actif et le verbe neutre qui prend l'auxiliaire *avoir*, c'est que le participe passé du verbe actif peut toujours devenir *adjectif*, au lieu que le participe du verbe neutre qui prend *avoir*, est un mot invariable. On dit fort bien, *une personne* AIMÉE, *un travail* FINI, *des enfants* CHÉRIS, *des plumes* TAILLÉES : alors les participes *aimé*, *fini*, *chéri*, *taillé* sont susceptibles de genre et de nombre. Mais on ne diroit pas de même, *une personne* ou *une chose* MARCHÉE, *une personne* ou *une chose* LANGUIE, *une personne* ou *une chose* DOR-MIE : alors les participes *marché*, *langui*, *dormi*, sont des mots invariables ; et, en conjuguant ces sortes de verbes, on doit écrire le participe au masculin seulement.

2..

Modèle de conjugaison pour les Verbes neutres qui prennent l'auxiliaire ÊTRE.

ARRIVER.

INDICATIF.

PRÉSENT, *masculin et féminin.*

J'arrive, tu arrives, il *ou* elle arrive,
Nous arrivons, vous arrivez, il *ou* elles arrivent.

IMPARFAIT, *masculin et féminin.*

J'arrivois, tu arrivois, il *ou* elle arrivoit ;
Nous arrivions, vous arriviez, ils *ou* elles arrivoient.

PARFAIT DÉFINI, *masculin et féminin.*

J'arrivai, tu arrivas, il *ou* elle arriva,
Nous arrivâmes, vous arrivâtes, ils *ou* elles arrivèrent.

PARFAIT INDÉFINI.

Masculin.	*Féminin.*
Je suis *arrivé,*	Je suis *arrivée,*
Tu es *arrivé,*	Tu es *arrivée,*
Il est *arrivé,*	Elle est *arrivée,*
Nous sommes *arrivés,*	Nous sommes *arrivées,*
Vous êtes *arrivés,*	Vous êtes *arrivées,*
Ils sont *arrivés.*	Elles sont *arrivées.*

PARFAIT ANTÉRIEUR.

Masculin.	*Féminin.*
Je fus *arrivé,*	Je fus *arrivée,*
Tu fus *arrivé,*	Tu fus *arrivée,*
Il fut *arrivé,*	Elle fut *arrivée,*
Nous fûmes *arrivés,*	Nous fûmes *arrivées,*
Vous fûtes *arrivés,*	Vous fûtes *arrivées,*
Ils furent *arrivés.*	Elles furent *arrivées.*

PLUS-QUE-PARFAIT.

Masculin.	*Féminin.*
J'étois *arrivé,*	J'étois *arrivée,*
Tu étois *arrivé,*	Tu étois *arrivée,*
Il étoit *arrivé,*	Elle étoit *arrivée,*
Nous étions *arrivés,*	Nous étions *arrivées,*
Vous étiez *arrivés,*	Vous étiez *arrivées,*
Ils étoient *arrivés.*	Elles étoient *arrivées.*

FUTUR, *masculin et féminin.*

J'arriverai, tu arriveras, il *ou* elle arrivera,
Nous arriverons, vous arriverez, ils *ou* elles arriveront.

FUTUR ANTÉRIEUR.

Masculin.	*Féminin.*
Je serai *arrivé*,	Je serai *arrivée*,
Tu seras *arrivé*,	Tu seras *arrivée*,
Il sera *arrivé*,	Elle sera *arrivée*,
Nous serons *arrivés*,	Nous serons *arrivées*,
Vous serez *arrivés*,	Vous serez *arrivées*,
Ils seront *arrivés*.	Elles seront *arrivées*.

CONDITIONNEL.

PRÉSENT, *masculin et féminin.*

J'arriverois, tu arriverois, il *ou* elle arriveroit,
Nous arriverions, vous arriveriez, ils *ou* elles arriveroient.

PASSÉ.

Masculin.	*Féminin.*
Je serois *arrivé*,	Je serois *arrivée*,
Tu serois *arrivé*,	Tu serois *arrivée*,
Il seroit *arrivé*,	Elle seroit *arrivée*,
Nous serions *arrivés*,	Nous serions *arrivées*,
Vous seriez *arrivés*,	Vous seriez *arrivées*,
Ils seroient *arrivés*.	Elles seroient *arrivées*.

AUTREMENT.

Masculin.	*Féminin.*
Je fusse *arrivé*,	Je fusse *arrivée*,
Tu fusses *arrivé*,	Tu fusses *arrivée*,
Il fût *arrivé*,	Elle fût *arrivée*,
Nous fussions *arrivés*,	Nous fussions *arrivées*,
Vous fussiez *arrivés*,	Vous fussiez *arrivées*,
Ils fussent *arrivés*.	Elles fussent *arrivées*.

IMPÉRATIF.

Masculin et féminin.

Arrive, qu'il *ou* qu'elle arrive,
Arrivons, arrivez, qu'ils *ou* qu'elles arrivent.

SUBJONCTIF.

PRÉSENT, *masculin et féminin.*

Que j'arrive, que tu arrives, qu'il *ou* qu'elle arrive,
Que nous arrivions, que vous arriviez, qu'ils *ou* qu'elles arrivent.

IMPARFAIT, *masculin et féminin.*

Que j'arrivasse, que tu arrivasses, qu'il *ou* qu'elle arrivât,
Que nous arrivassions, que vous arrivassiez, qu'ils *ou* qu'elles
arrivassent.

PARFAIT.

Masculin.	*Féminin.*
Que je sois *arrivé*,	Que je sois *arrivée*,
Que tu sois *arrivé*,	Que tu sois *arrivée*,
Qu'il soit *arrivé*,	Qu'elle soit *arrivée*,
Que nous soyons *arrivés*,	Que nous soyons *arrivées*,
Que vous soyez *arrivés*,	Que vous soyez *arrivées*,
Qu'ils soient *arrivés*.	Qu'elles soient *arrivées*.

PLUS-QUE-PARFAIT.

Masculin.	*Féminin.*
Que je fusse *arrivé*,	Que je fusse *arrivée*,
Que tu fusses *arrivé*,	Que tu fusses *arrivée*,
Qu'il fût *arrivé*,	Qu'elle fût *arrivée*,
Que nous fussions *arrivés*,	Que nous fussions *arrivées*,
Que vous fussiez *arrivés*,	Que vous fussiez *arrivées*,
Qu'ils fussent *arrivés*.	Qu'elles fussent *arrivées*.

INFINITIF.

PRÉSENT.

Masculin.	*Féminin.*
Arriver.	Arriver.

PARFAIT.

Être *arrivé*.	Être *arrivée*.

PARTICIPE PRÉSENT.

Arrivant.	Arrivant.

PARTICIPE PASSÉ.

Arrivé, étant *arrivé*.	*Arrivée*, étant *arrivée*.

On peut conjuguer de même les verbes suivants :
*Monter, tomber, passer, rester, décéder, aller,
entrer, descendre,* et tous les verbes neutres qui
prennent l'auxiliaire ÊTRE.

CHAPITRE VIII.

Verbes Pronominaux.

LES verbes pronominaux se conjuguent, dans les temps simples, comme les verbes actifs de la conjugaison à laquelle ils appartiennent; et, dans les temps composés, ils se conjuguent comme le verbe neutre ARRIVER, avec l'auxiliaire ÊTRE.

Modèle de conjugaison pour les Verbes Pronominaux.

SE FACHER.

INDICATIF.

PRÉSENT, *masculin et féminin.*

Je me fâche, tu te fâches, il *ou* elle se fâche,
Nous nous fâchons, vous vous fâchez, ils *ou* elles se fâchent.

IMPARFAIT, *masculin et féminin.*

Je me fâchois, tu te fâchois, il *ou* elle se fâchoit.
Nous nous fâchions, vous vous fâchiez, ils *ou* elles se fâchoient.

PARFAIT DÉFINI, *masculin et féminin.*

Je me fâchai, tu te fâchas, il *ou* elle se fâcha,
Nous nous fâchâmes, vous vous fâchâtes ils *ou* elles se fâchèrent.

PARFAIT INDÉFINI.

Masculin.	*Féminin.*
Je me suis *fâché,*	Je me suis *fâchée,*
Tu t'es *fâché,*	Tu t'es *fâchée,*
Il s'est *fâché,*	Elle s'est *fâchée,*
Nous nous sommes *fâchés,*	Nous nous sommes *fâchées,*
Vous vous êtes *fâchés,*	Vous vous êtes *fâchées,*
Ils se sont *fâchés.*	Elles se sont *fâchées.*

PARFAIT ANTÉRIEUR.

Masculin. — *Féminin.*

Quand, lorsque

Je me fus *fâché,*   Je me fus *fâchée,*
Tu te fus *fâché,*   Tu te fus *fâchée,*
Il se fut *fâché,*   Elle se fut *fâchée,*
Nous nous fûmes *fâchés,*   Nous nous fûmes *fâchées,*
Vous vous fûtes *fâchés,*   Vous vous fûtes *fâchées,*
Ils se furent *fâchés.*   Elles se furent *fâchées.*

PLUS-QUE-PARFAIT.

Masculin.   *Féminin.*

Je m'étois *fâché,*   Je m'étois *fâchée,*
Tu t'étois *fâché,*   Tu t'étois *fâchée,*
Il s'étoit *fâché,*   Elle s'étoit *fâchée,*
Nous nous étions *fâchés,* Nous nous étions *fâchées,*
Vous vous étiez *fâchés,*   Vous vous étiez *fâchées,*
Ils s'étoient *fâchés.*   Elles s'étoient *fâchées.*

FUTUR, *masculin et féminin.*

Je me fâcherai, tu te fâcheras, il *ou* elle se fâchera,
Nous nous fâcherons, vous vous fâchérez, ils *ou* elles se fâche-
ront.

FUTUR ANTÉRIEUR.

Masculin.   *Féminin.*

Quand, lorsque

Je me serai *fâché,*   Je me serai *fâchée,*
Tu te seras *fâché,*   Tu te seras *fâchée,*
Il se sera *fâché,*   Elle se sera *fâchée,*
Nous nous serons *fâchés,* Nous nous serons *fâchées,*
Vous vous serez *fâchés,*   Vous vous serez *fâchées,*
Ils se seront *fâchés.*   Elles se seront *fâchées.*

CONDITIONNEL.

PRÉSENT, *masculin et féminin.*

Je me fâcherois, tu te fâcherois, il *ou* elle se fâcheroit,
Nous nous fâcherions, vous vous fâcheriez, ils *ou* elles se
fâcheroient.

PASSÉ.

Masculin.   *Féminin.*

Je me serois *fâché,*   Je me serois *fâchée,*
Tu te serois *fâché,*   Tu te serois *fâchée,*
Il se seroit *fâché,*   Elle se seroit *fâchée.*

Nous nous serions *fâchés*,
Vous vous seriez *fâchés*,
Ils se seroient *fâchés*.

Nous nous serions *fâchées*,
Vous vous seriez *fâchées*,
Elles se seroient *fâchées*.

AUTREMENT.

Masculin.

Je me fusse *fâché*,
Tu te fusses *fâché*,
Il se fût *fâché*,
Nous nous fussions *fâchés*,
Vous vous fussiez *fâchés*,
Ils se fussent *fâchés*.

Féminin.

Je me fusse *fâchée*,
Tu te fusses *fâchée*,
Elle se fût *fâchée*,
Nous nous fussions *fâchées*,
Vous vous fussiez *fâchées*,
Elles se fussent *fâchées*.

IMPÉRATIF.

Masculin et féminin.

Fâche-toi, qu'il *ou* qu'elle se fâche,
Fâchons-nous, fâchez-vous, qu'ils *ou* qu'elles se fâchent.

SUBJONCTIF.

PRÉSENT, *masculin et féminin.*

Que je me fâche, que tu te fâches, qu'il *ou* qu'elle se fâche,
Que nous nous fâchions, que vous vous fâchiez, qu'ils *ou*
qu'elles se fâchent.

IMPARFAIT, *masculin et féminin.*

Que je me fâchasse, que tu te fâchasses, qu'il *ou* qu'elle se fâchât,
Que nous nous fâchassions, que vous vous fâchassiez, qu'ils *ou*
qu'elles se fâchassent.

PARFAIT.

Masculin.

Que je me sois *fâché*,
Que tu te sois *fâché*,
Qu'il se soit *fâché*,
Que nous nous soyons *fâchés*,
Que vous vous soyez *fâchés*,
Qu'ils se soient *fâchés*.

Féminin.

Que je me sois *fâchée*,
Que tu te sois *fâchée*,
Qu'elle se soit *fâchée*,
Que nous nous soyons *fâchées*,
Que vous vous soyez *fâchées*,
Qu'elles se soient *fâchées*.

PLUS-QUE-PARFAIT.

Masculin.

Que je me fusse *fâché*,
Que tu te fusses *fâché*,
Qu'il se fût *fâché*,
Que nous nous fussions *fâchés*,
Que vous vous fussiez *fâchés*,
Qu'ils se fussent *fâchés*.

Féminin.

Que je me fusse *fâchée*,
Que tu te fusses *fâchée*,
Qu'elle se fût *fâchée*,
Que nous nous fussions *fâchées*,
Que vous vous fussiez *fâchées*,
Qu'elles se fussent *fâchées*.

INFINITIF.

PRÉSENT.

Masculin.	*Féminin.*
Se fâcher.	Se fâcher.

PARFAIT.

S'être *fâché.*	S'être *fâchée.*

PARTICIPE PRÉSENT.

Se fâchant.	Se fâchant.

PARTICIPE PASSÉ.

S'étant *fâché.*	S'étant *fâchée.*

Il faut conjuguer de même les verbes suivants: *se promener, se tourner, se reposer, s'habiller, se blesser, se coucher, se tromper, se guérir, se divertir, se convertir, se nourrir, se rendre, se vendre, s'entendre, se perdre, se mordre,* etc.

CHAPITRE IX.

Verbes Impersonnels.

J'ai dit que le verbe impersonnel est celui qui ne s'emploie qu'à la troisième personne du singulier.

FALLOIR, *Modèle.*

INDICATIF.

PRÉSENT.....................	Il faut.
IMPARFAIT..................	Il falloit.
PARFAIT DÉFINI............	Il fallut.
PARFAIT INDÉFINI..........	Il a fallu.
PARFAIT ANTÉRIEUR........	Il eut fallu.
PLUS-QUE-PARFAIT..........	Il avoit fallu.
FUTUR	Il faudra.
FUTUR ANTÉRIEUR..........	Il aura fallu.

CONDITIONNEL.

PRÉSENT....................	Il faudroit.
PASSÉ	Il auroit *ou* il eût fallu.

Point d'Impératif.

SUBJONCTIF.

PRÉSENT *ou* FUTUR............ Qu'il faille.
IMPARFAIT................. Qu'il fallût.
PARFAIT ...., Qu'il ait fallu.
PLUS-QUE-PARFAIT........... Qu'il eût fallu.

INFINITIF.

PRÉSENT...................'.. Falloir.
PARFAIT .... *Hors d'usage.*
PARTICIPE PRÉSENT............ *Hors d'usage.*
PARTICIPE PASSÉ............ Fallu , ayant fallu.

Conjuguez de même les verbes suivants : *il pleut,
il neige, il grêle, il tonne, il importe,* etc.

CHAPITRE X.

De la Formation des Temps des Verbes.

LES temps des verbes sont simples ou composés.
On appelle temps simples, ceux qui n'empruntent
aucun temps de l'auxiliaire *avoir* ni de l'auxiliaire
être; et temps composés, ceux qui se forment des
temps de l'auxiliaire *avoir* ou de l'auxiliaire *être*, et
du participe passé du verbe que l'on conjugue.

Parmi les temps simples d'un verbe, il y en a cinq
qu'on nomme *primitifs*, parce qu'ils servent à former les autres temps : on appelle temps *dérivés* ceux
qui se forment des temps *primitifs*.

Les temps primitifs sont,

1° La première personne singulière du présent de
l'indicatif;

2° Le parfait défini;

3° Le présent de l'infinitif;

4° Le participe présent;

5° Le participe passé.

Tableau de la Formation des Temps des Verbes, tant simples que composés, dans les Verbes réguliers.

| DONNER, | PARTIR, | SE DÉFENDRE, | On appelle verbe *actif* celui qui a un *régime direct;* *neutre,* celui qui n'a point de régime direct ; et *pronominal,* celui qui se conjugue avec deux pronoms de la même personne. |
| Verbe actif de la première conjugaison. | Verbe neutre de la seconde conjugaison. | Verbe pronominal de la quatrième conjugaison. | |

INDICATIF, *premier mode* .... On appelle *modes* les différentes manières d'employer le verbe.

PRÉSENT, *temps simple* .... On appelle *temps simples* ceux qui se conjuguent sans auxiliaire.

Je donne.   Je pars.   Je me défends........... De la première personne singulière du présent de l'indicatif, on forme la seconde personne singulière de l'*impératif,* en ôtant seulement le pronom JE (1).

(1) excepté cinq verbes seulement : j'*ai*, impératif *aie* ; je *suis*, impératif *sois* ; je *vais*, impératif *va* ; je *sais*, impératif *sache* ; je *veux*, impératif *veuille.*

Tu donnes.	Tu pars.	Tu te défends…………	Quand la première personne est terminée par un E muet, on y ajoute S pour former la seconde personnne ; et quand la première personne est terminée par S ou par X, la seconde est semblable à la première.
Il donne.	Il part.	Il se défend…………	Quand la première personne d'un verbe est terminée par un E muet, la troisième personne est semblable à la première (1) ; et quand la première personne est terminée par S ou par X, la troisième est terminée par T ou par D.
Nous donnons, Vous donnez, Ils donnent.	Nous partons, Vous partez, Ils partent.	Nous nous défendons, Vous vous défendez, Ils se défendent.	Les trois personnes plurielles du présent de l'indicatif se forment du *participe présent*, en changeant la finale ANT pour ONS à la première personne, pour EZ à la seconde, et pour ENT à la troisième.

(1) Excepté à l'imp. du subj.: que je *donnasse*, que tu *donnasses*, qu'il *donnât*; que je *partisse*, que tu *partisses*, qu'il *partît*.

(44)

IMPARFAIT, *ou* PRÉSENT RELATIF, *temps simple.*

Je donnois,	Je partois,	Je me défendois,	L'*imparfait* de l'*indicatif* seforme du *participe présent*, en changeant la finale ANT pour OIS, OIS, OIT, au singulier ; et pour IONS, IEZ, OIENT, au pluriel. Cette finale convient à l'imparfait de tous les verbes en général.
Tu donnois,	Tu partois,	Tu te défendois,	
Il donnoit,	Il partoit,	Il se défendoit,	
Nous donnions,	Nous partions,	Nous nous défendions,	
Vous donniez,	Vous partiez,	Vous vous défendiez,	
Ils donnoient.	Ils partoient.	Ils se défendoient.	

PARFAIT DÉFINI, *temps simple.*

Je donnai,	Je partis,	Je me défendis,	Du *parfait défini* on forme l'*imparfait du subjonctif*, en changeant la finale AI pour ASSE dans la première conjugaison seulement, et en ajoutant SE au parfait défini dans tous les verbes des trois autres conjugaisons (1). Cette règle est si générale, qu'un verbe qui n'a point de *parfait défini* n'a point d'*imparfait au subjonctif.*
Tu donnas,	Tu partis,	Tu te défendis,	
Il donna,	Il partit,	Il se défendit,	
Nous donnâmes,	Nous partîmes,	Nous nous défendîmes,	
Vous donnâtes,	Vous partîtes,	Vous vous défendîtes,	
Ils donnèrent.	Ils partirent.	Ils se défendirent.	

(1) Il n'est question ici que de la première personne ; mais, connoissant la première personne d'un temps, on connoît toutes les autres.

PARFAIT INDÉFINI, *temps composé*..................... On appelle temps composé celui qui est formé de l'auxiliaire *avoir* ou de l'auxiliaire *être*, et du *participe passé*.

J'ai donné,	Je suis parti,	Je me suis défendu,	*Le parfait indéfini se forme du présent de l'indicatif du verbe *avoir*, ou du présent de l'indicatif du verbe *être*, et du participe du verbe que l'on conjugue.
Tu as donné,	Tu es parti,	Tu t'es défendu,	
Il a donné,	Il est parti,	Il s'est défendu,	
Nous avons donné,	Nous sommes partis,	Nous nous sommes défendus,	
Vous avez donné,	Vous êtes partis,	Vous vous êtes défendus,	
Ils ont donné.	Ils sont partis.	Ils se sont défendus.	

PARFAIT ANTÉRIEUR, *temps composé.*

Quand, lorsque, dès que, aussitôt que

J'eus donné,	Je fus parti,	Je me fus défendu,	Le parfait-antérieur se forme du parfait défini du verbe *avoir*, ou du parfait défini du verbe *être*, et du participe du verbe que l'on conjugue.
Tu eus donné,	Tu fus parti,	Tu te fus défendu,	
Il eut donné,	Il fut parti,	Il se fut défendu,	
Nous eûmes donné,	Nous fûmes partis,	Nous nous fûmes défendus,	
Vous eûtes donné,	Vous fûtes partis,	Vous vous fûtes défendus,	
Ils eurent donné.	Ils furent partis.	Ils se furent défendus.	

PLUS-QUE-PARFAIT, *temps composé.*

J'avois donné,	J'étois parti,	Je m'étois défendu,	Le plus-que-parfait de l'indicatif se forme de l'imparfait de l'indicatif du verbe *avoir*, ou de l'imparfait de l'indicatif du verbe *être*, et du participe du verbe que l'on conjugue.
Tu avois donné,	Tu étois parti,	Tu t'étois défendu,	
Il avoit donné,	Il étoit parti,	Il s'étoit défendu,	
Nous avions donné,	Nous étions partis,	Nous nous étions défendus,	
Vous aviez donné,	Vous étiez partis,	Vous vous étiez défendus,	
Ils avoient donné.	Ils étoient partis.	Ils s'étoient défendus.	

FUTUR, *temps simple.*

Je donnerai,	Je partirai,	Je me défendrai,	Le futur simple de l'indicatif se forme du *présent* de *l'infinitif*, en changeant la finale R, ou la finale RE, pour RAI, RAS, RA, au singulier, et pour RONS, REZ, RONT, au pluriel. Cette finale convient au futur de tous les verbes en général.
Tu donneras,	Tu partiras,	Tu te défendras,	
Il donnera,	Il partira,	Il se défendra,	
Nous donnerons,	Nous partirons,	Nous nous défendrons,	
Vous donnerez,	Vous partirez,	Vous vous défendrez,	
Ils donneront.	Ils partiront.	Ils se défendront.	

FUTUR ANTÉRIEUR, *temps composé.*

Quand, lorsque, dès que, aussitôt que

J'aurai donné,	Je serai parti,	Je me serai défendu,	Le futur antérieur se forme du futur simple du verbe *avoir*, ou du futur simple du verbe *être*, et du participe du verbe que l'on conjugue.
Tu auras donné,	Tu seras parti,	Tu te seras défendu,	
Il aura donné,	Il sera parti,	Il se sera défendu,	
Nous aurons donné,	Nous serons partis,	Nous nous serons défendus,	
Vous aurez donné,	Vous serez partis,	Vous vous serez défendus,	
Ils auront donné.	Ils seront partis.	Ils se seront défendus.	

CONDITIONNEL, *deuxième mode.*

PRÉSENT OU FUTUR, *temps simple.*

Je donnerois,	Je partirois,	Je mé défendrois,
Tu donnerois,	Tu partirois,	Tu te défendrois,
Il donneroit,	Il partiroit,	Il se défendroit,
Nous donnerions,	Nous partirions,	Nous nous défendrions,
Vous donneriez,	Vous partiriez,	Vous vous défendriez,
Ils donneroient.	Ils partiroient.	Ils se défendroient.

Le présent du conditionnel se forme du futur simple, en changeant les finales RAI, RAS, RA, RONS, REZ, RONT, pour ROIS, ROIS, ROIT, RIONS, RIEZ, ROIENT. Cette règle ne souffre aucune exception.

PASSÉ, *temps composé.*

J'aurois donné,	Je serois parti,	Je me serois défendu,
Tu aurois donné,	Tu serois parti,	Tu te serois défendu,
Il auroit donné,	Il seroit parti,	Il se seroit défendu,
nous aurions donné,	Nous serions partis,	Nous nous serions défendus,
Vous auriez donné,	Vous seriez partis,	Vous vous seriez défendus,
Ils auroient donné.	Ils seroient partis.	Ils se seroient défendus.

Le passé du conditionnel se forme du présent du conditionnel du verbe *avoir*, ou du présent du conditionnel du verbe *être*, et du participe du verbe que l'on conjugue.

AUTREMENT.

J'eusse donné,	Je fusse parti,	Je me fusse défendu,
Tu eusses donné,	Tu fusses parti,	Tu te fusses défendu,
Il eût donné,	Il fût parti,	Il se fût défendu,
Nous eussions donné,	Nous fussions partis,	Nous nous fussions défendus,
Vous eussiez donné	Vous fussiez partis,	Vous vous fussiez défendus,
Ils eussent donné.	Ils fussent partis.	Ils se fussent défendus.

Cette seconde manière d'exprimer le passé du conditionnel, se forme de l'imparfait du subjonctif du verbe *avoir*, ou de l'imparfait du subjonctif du verbe *être*, et du participe du verbe que l'on conjugue.

IMPÉRATIF, *troisième mode.*

PRÉSENT OU FUTUR.

Point de première personne au singulier.

Donne.	Pars.	Défends-toi...........	La seconde personne singulière de l'impératif se forme de la première personne singulière du présent de l'indicatif, en ôtant seulement le pronom JE. Voyez *l'indicatif.*
Qu'il donne.	Qu'il parte.	Qu'il se défende........	La troisième personne singulière de l'impératif est toujours semblable à la troisième personne singulière du présent du *subjonctif.*
Donnons, Donnez.	Partons, Partez.	Défendons-nous, Défendez-vous.	La première et la seconde personne plurielle de l'impératif sont semblables aux deux mêmes personnes du présent de l'indicatif. Voyez *l'indicatif.*
Qu'ils donnent.	Qu'ils partent.	Qu'ils se défendent........	La troisième personne plurielle de l'impératif est toujours semblable à la troisième personne plurielle du présent du *subjonctif.*

SUBJONCTIF, *quatrième mode.*

PRÉSENT OU FUTUR, *temps simple.*

Il faut, il faudra, on veut

Que je donne,
Que tu donnes,
Qu'il donne,
Que nous donnions,
Que vous donniez,
Qu'ils donnent.

Que je parte,
Que tu partes,
Qu'il parte,
Que nous partions,
Que vous partiez,
Qu'ils partent.

Que je me défende,
Que tu te défendes,
Qu'il se défende,
Que nous nous défendions,
Que vous vous défendiez;
Qu'ils se défendent.

Le présent du subjonctif se forme du *participe présent,* en changeant la finale ANT pour E, ES, E, au singulier, et pour IONS, IEZ, ENT, au pluriel. La première et la seconde personne plurielle de ce temps sont semblables aux deux mêmes personnes de l'*imparfait* de l'*indicatif;* et la troisième personne singulière et la troisième personne plurielle sont semblables aux mêmes personnes de l'impératif(1).

(49)

3

---

(1) A proprement parler, il n'y a point de troisième personne à l'*impératif,* ni au singulier, ni au pluriel : ce n'est que par ellipse qu'on dit : *Qu'il donne, qu'ils partent.* On sous-entend, *je veux, il faut,* ou un équivalent; et c'est comme si l'on disoit : *Je veux qu'il donne; il faut qu'ils partent.*

IMPARFAIT, ou PRÉSENT RELATIF, *temps simple.*

Il falloit, il fallut, il a fallu, il avoit fallu, il faudroit, il auroit fallu, il eût fallu

Que je donnasse,
Que tu donnasses,
Qu'il donnât,
Que nous donnassions,
Que vous donnassiez,
Qu'ils donnassent.

Que je partisse,
Que tu partisses,
Qu'il partît,
Que nous partissions,
Que vous partissiez,
Qu'ils partissent.

Que je me défendisse,
Que tu te défendisses,
Qu'il se défendît,
Que nous nous défendissions,
Que vous vous défendissiez,
Qu'ils se défendissent.

L'imparfait du subjonctif se forme du *parfait défini*, en changeant la finale AI pour ASSE dans les verbes de la première conjugaison; et en ajoutant SE au parfait, dans tous les verbes des trois autres conjugaisons. Cette règle ne souffre aucune exception. Dans cette formation il n'est question que de la première personne ; mais, comme il a déjà été dit au parfait défini, la première personne d'un temps étant connue, les autres le sont nécessairement.

Il faut cependant remarquer que la troisième personne singulière de l'imparfait du subjonctif est toujours terminée par un T, avec un accent circonflexe sur la voyelle qui précède le T : *qu'il aimât, qu'il finît, qu'il reçût, qu'il rendît, qu'il vînt,* etc.

(50)

PARFAIT, *temps composé.*

Il faut, il a fallu, il faudra , il aura fallu

Que j'aie donné,	Que je sois parti,	Que je me sois défendu,	Le parfait du subjonctif se forme du présent du subjonctif du verbe *avoir*, ou du présent du subjonctif du verbe *être*, et du participe du verbe que l'on conjugue.
Que tu aies donné,	Que tu sois parti,	Que tu te sois défendu,	
Qu'il ait donné,	Qu'il soit parti,	Qu'il se soit défendu,	
Que nous ayons donné,	Que nous soyons partis,	Que n. n. soyons défendus,	
Que vous ayez donné,	Que vous soyez partis,	Que v. v. soyez défendus,	
Qu'ils aient donné.	Qu'ils soient partis.	Qu'ils se soient défendus.	

PLUS-QUE-PARFAIT, *temps composé.*

Il falloit, il fallut, il a fallu, il avoit fallu, il faudroit, il auroit fallu, il eût fallu

Que j'eusse donné,	Que je fusse parti,	Que je me fusse défendu,	Le plus-que-parfait du subjonctif se forme de l'imparfait du subjonctif du verbe *avoir*, ou de l'imparfait du subjonctif du verbe *être*, et du participe du verbe que l'on conjugue.
Que tu eusses donné,	Que tu fusses parti,	Que tu te fusses défendu,	
Qu'il eût donné,	Qu'il fût parti,	Qu'il se fût défendu,	
Que nous eussions donné,	Que nous fussions partis,	Que n. n. fussions défendus,	
Que vous eussiez donné,	Que vous fussiez partis,	Que v. v. fussiez défendus,	
Qu'ils eussent donné.	Qu'ils fussent partis.	Qu'ils se fussent défendus.	Ce temps est semblable au deuxième conditionnel passé : il n'y a que la conjonction *que* de différence.

INFINITIF, *cinquième mode.*

PRÉSENT, *temps simple.*

Donner.	Partir.	Se défendre............

Du présent de l'infinitif on forme le futur de l'indicatif, en changeant la finale R ou la finale RE pour RAI. Voyez le futur.

PARFAIT, *temps composé.*

Avoir donné.	Être parti.	S'être défendu..........

Le parfait de l'infinitif se forme du présent de l'infinitif du verbe *avoir*, ou du présent de l'infinitif du verbe *être*, et du participe du verbe que l'on conjugue.

PARTICIPE PRÉSENT, *temps simple.*

Donnant.	Partant.	Se défendant..........

Du participe présent on forme le pluriel du présent de l'indicatif, l'imparfait de l'indicatif, et le présent du subjonctif. Voyez ces trois temps.

PARTICIPE PASSÉ.

Donné.	Parti.	Défendu...............

Du participe passé on forme tous les temps composés, à l'aide des auxiliaires *avoir* et *être*.

PARTICIPE PASSÉ COMPOSÉ.

Ayant donné.	Étant parti.	S'étant défendu..........

Ce temps se forme du participe présent du verbe *avoir* ou du participe présent du verbe *être*, et du participe du verbe que l'on conjugue.

REMARQUES.

Ire Remarque. Il y a encore quelques temps que je n'ai pas insérés dans les modèles précédents, parce qu'on s'en sert rarement. On les nomme *temps sur-composés*, parce qu'ils se forment des temps composés de l'auxiliaire *avoir* ou de l'auxiliaire *être*, et d'un participe. Ce sont,

1° Un *parfait antérieur indéfini*, formé du parfait indéfini du verbe *avoir* ou du verbe *être*, et du participe d'un autre verbe; comme, *quand j'ai eu fini, quand j'ai eu chanté, quand tu as été parti, quand il a été arrivé.*

2° Un *plus-que-parfait*, formé du plus-que-parfait du verbe *avoir* ou du verbe *être* et du participe d'un autre verbe; comme, *si j'avois eu chanté, si j'avois eu fini, si tu avois été arrivé, s'il avoit été parti.*

3° Un *futur antérieur*, formé du futur antérieur du verbe *avoir* ou du verbe *être*, et du participe d'un autre verbe; comme, *j'aurai eu chanté, tu auras eu fini, il aura été arrivé.*

4° Un *conditionnel passé*, formé du passé du conditionnel du verbe *avoir* ou du verbe *être*, et du participe d'un autre verbe; comme, *j'aurois eu fini, tu aurois eu mangé, il auroit été parti.*

Le plus en usage de ces quatre temps surcomposés, c'est le *parfait antérieur indéfini*. On l'emploie pour exprimer une chose faite avant une autre dans un temps indéterminé, ou dans un temps déterminé qui n'est pas entièrement écoulé.

Le *parfait antérieur défini*, *quand j'eus chanté, quand il eut fini, quand il fut parti*, etc., ne peut s'employer que pour exprimer une chose passée avant une autre dans un temps déterminé qui est entièrement écoulé.

Ces temps surcomposés ne sont en usage que dans

les verbes actifs et dans les verbes neutres ; ils ne peuvent être employés ni dans les verbes passifs ni dans les verbes pronominaux.

IIe Remarque. Dans les verbes de la première conjugaison ainsi que dans ceux de la seconde dont le présent de l'indicatif se termine par un *e* muet, la seconde personne de l'impératif, se formant de la première du présent de l'indicatif, se termine aussi par un *e* muet ; mais on ajoute une *s* à la seconde personne de l'impératif, quand cet impératif est suivi de l'un des pronoms *y* ou *en*, et l'on écrit : *portes-y du secours, donnes-en à ton frère.* Mais il vaut mieux placer cette *s* entre deux traits d'union, comme on place le *t* dans *va-t-il, souffre-t-il, porte-t-il*, etc., et écrire, *porte-s-y, du secours, songe-s-y, donne-s-en à ton frère, offre-s-en à ta sœur.*

Il ne faut pas confondre la préposition *en* avec le pronom *en* : avec la préposition, il faut écrire, *voyage en France, porte en Allemagne, donne en tout temps des preuves de courage,* sans ajouter *s* à l'impératif.

CHAPITRE XI.

Remarques sur l'emploi des deux auxiliaires AVOIR *et* ÊTRE.

L'auxiliaire *avoir* sert,

1º A se conjuguer lui-même dans ses temps composés ; comme, *j*'AI *eu, j*'AVOIS *eu, j*'AURAI *eu, j*'AUROIS *eu*, etc.

2º A conjuguer les temps composés du verbe *être* ; comme, *j*'AI *été, j*'AVOIS *été, j*'AURAI *été, j*'AUROIS *été*, etc.

3o **A** conjuguer les temps composés de tous les verbes *actifs*, sans exception, et ceux de la plupart des verbes *neutres;* comme, j'ai *donné,* j'avois *cousu,* j'aurai *entendu,* j'aurois *ménagé,* actifs; et, j'ai *dormi,* j'avois *marché,* j'aurai *vécu,* j'aurois *langui,* neutres.

L'auxiliaire *être* sert,

1o **A** conjuguer tous les verbes *passifs,* dans tous les temps; comme, *être aimé,* qui fait, je suis *aimé,* j'étois *aimé,* j'ai été *aimé,* je serai *aimé,* je serois *aimé,* etc.

2° **A** conjuguer les temps composés de tous les verbes nommés *pronominaux, réfléchis, réciproques,* comme, *se blesser,* qui fait, je me suis *blessé,* je m'étois *blessé,* je me serois *blessé,* etc. : mais dans la plupart de ces verbes, l'auxiliaire *être* est employé pour l'auxiliaire *avoir.*

3o **A** conjuguer quelques verbes neutres, tels que *aller, arriver, choir, déchoir, décéder, entrer, mourir, naître, partir, rester, sortir, tomber, venir, devenir, intervenir, parvenir, revenir, survenir.* On doit dire : *il* est *mort, il* est *venu, il* est *parti, il* est *né, il* est *tombé,* etc.

Quelques verbes prennent indifféremment l'auxiliaire *avoir* ou l'auxiliaire *être.* Ces verbes sont *accourir, apparoître, comparoître, disparoître, croître, décroître, accroître, recroître.* On dit également : *ils* sont *accourus, ils* ont *accouru; il* est *disparu, il* a *disparu,* etc.

Mais quelques verbes prennent tantôt l'auxiliaire *avoir* et tantôt l'auxiliaire *être,* suivant le sens qu'on leur donne. Ces verbes sont, *accoucher, aller, cesser, demeurer, descendre, échapper, monter, passer, sortir, convenir.*

RÈGLE.

Les verbes dont nous venons de parler doivent se conjuguer avec *avoir*, toutes les fois qu'ils sont suivis d'un régime, ou que, sans être suivis d'un régime, ils marquent une action.	Mais ces mêmes verbes se conjuguent avec *être*, toutes les fois qu'ils expriment simplement l'état du sujet.

IL FAUT DIRE

Avec AVOIR :	*Avec* ÊTRE :
Cette sage-femme A ACCOUCHÉ plusieurs dames que je connois : je dis *a accouché*, parce que ce verbe exprime une action, et qu'il a un régime.	Cette dame EST ACCOUCHÉE fort heureusement : je dis *est accouchée*, parce que ce verbe n'exprime que l'état du sujet, *cette dame*.
Il A ÉTÉ à Rome, si l'on veut exprimer qu'il a fait un voyage à Rome, et qu'il est de retour.	Il EST ALLÉ à Rome, si l'on veut exprimer qu'il est parti pour Rome, et qu'il n'en est pas de retour.
Il A CESSÉ son travail : *a cessé*, parce que ce verbe a un régime, qui est *travail*.	La pluie A CESSÉ ou EST CESSÉE : *cesser*, sans régime, prend *avoir* ou *être* indifféremment.
Mon frère A DEMEURÉ deux ans à Paris, pour exprimer que mon frère a passé deux ans à Paris, mais qu'il n'y est plus.	Mon frère EST DEMEURÉ à Paris, signifie qu'il a fait un voyage à Paris, et qu'il y est encore.
Les tonneliers ONT DESCENDU le vin à la cave : *ont descendu*, parce qu'il y a un régime, qui est *vin*.	Les tonneliers SONT DESCENDUS à la cave : *sont descendus*, parce qu'il n'y a point de régime ; ce verbe n'exprime qu'un état, celui d'être en bas.
Le cerf A ÉCHAPPÉ aux chiens, pour dire que les chiens ne l'ont point atteint, ne l'ont point aperçu.	Le cerf EST ÉCHAPPÉ aux chiens, pour dire que les chiens l'ont vu, l'ont serré de près, mais qu'il s'est tiré du péril par agilité ou autrement.
L'un des prisonniers A ÉCHAPPÉ à la gendarmerie, pour dire qu'il n'a point été pris, qu'il n'a point été vu.	L'autre EST ÉCHAPPÉ à la gendarmerie, pour dire qu'il étoit mal tenu, qu'il s'est sauvé par force ou par adresse.
Il A MONTÉ à cheval, pour faire entendre qu'il est de retour.	Il EST MONTÉ dans sa chambre, pour faire entendre qu'il y est encore.

Il A MONTÉ cinq étages ; il A MONTÉ sa montre ; il A MONTÉ sa maison sur un bon pied.

Les troupes françoises ONT PASSÉ le Rhin.—La procession A PASSÉ sous mes fenêtres. — Il A PASSÉ la rivière. Dans ces phrases, il y a action ou régime.

Ce mot A PASSÉ, pour dire *a été reçu*.

Ces maisons nous ONT CONVENU,

Convenir prend *avoir* quand il signifie *être convenable*.

Cet écolier étoit en troisième, il EST MONTÉ en seconde.

Les troupes SONT PASSÉES — Cette tapisserie EST PASSÉE. — Cette mode EST PASSÉE. Dans ces phrases, on marque simplement l'état du sujet.

Ce mot EST PASSÉ, pour dire *on ne s'en sert plus*.

Et nous SOMMES CONVENUS du prix.

Convenir prend *être* quand il signifie *demeurer d'accord*.

FIN DE LA PREMIÈRE PARTIE.

SECONDE PARTIE,

CONTENANT

LES VERBES IRRÉGULIERS DES QUATRE CONJUGAISONS.

On appelle *irréguliers*, les verbes qui ne suivent pas toujours les règles de la formation des temps.

CHAPITRE PREMIER.

Verbes irréguliers de la première conjugaison.

CETTE conjugaison, qui comprend la très grande majorité de nos verbes, n'a, à proprement parler, qu'un seul verbe irrégulier, qui est *aller*: il sera conjugué à la fin de ce chapitre. Mais quelques verbes de cette conjugaison méritent une attention particulière.

REMARQUES SUR QUELQUES VERBES DE LA PREMIÈRE CONJUGAISON.

Iʳᵉ. *Verbes terminés en* ailler, eiller, ouiller, *qui ont deux* ll *mouillées à tous leurs temps.*

TRAVAILLER, *modèle.*

INDICATIF.

PRÉSENT.

Je travaille, tu travailles, il travaille,
Nous *travaillons*, vous *travaillez*, ils travaillent.

IMPARFAIT.

Je travaillois, tu travaillois, il travailloit,
Nous *travaillions*, vous *travailliez*, ils travailloient.

PARFAIT DÉFINI.

Je travaillai, tu travaillas, il travailla,
Nous travaillâmes, vous travaillâtes, ils travaillèrent.

PARFAIT INDÉFINI.......... J'ai travaillé (1).
PARFAIT ANTÉRIEUR......... J'eus travaillé.
PLUS-QUE-PARFAIT.......... J'avois travaillé.

FUTUR.

Je travaillerai, tu travailleras, il travaillera,
Nous travaillerons, vous travaillerez, ils travailleront.

FUTUR ANTÉRIEUR.......... J'aurai travaillé.

CONDITIONNEL.

PRÉSENT.

Je travaillerois, tu travaillerois, il travailleroit,
Nous travaillerions, vous travailleriez, ils travailleroient.

PASSÉ..................... J'aurois *ou* j'eusse travaillé.

IMPÉRATIF.

Travaille, *travaillons, travaillez.*

SUBJONCTIF.

PRÉSENT *ou* FUTUR.

Que je travaille, que tu travailles, qu'il travaille,
Que nous *travaillions,* qus vous *travailliez,* qu'ils travaillent.

IMPARFAIT.

Que je travaillasse, que tu travaillasses, qu'il travaillât,
Que nous travaillassions, que vous travaillassiez, qu'ils travail-
lassent.

PARFAIT................... Que j'aie travaillé.
PLUS-QUE-PARFAIT.......... Que j'eusse travaillé.

INFINITIF.

PRÉSENT................... Travailler.
PARFAIT................... Avoir travaillé.
PARTICIPE PRÉSENT......... Travaillant.
PARTICIPE PASSÉ........... Travaillé, travaillée, ayant tra-
vaillé.

Conjuguez de même les verbes suivants : *Tailler,*
détailler, émailler, conseiller, veiller, surveiller,

____

(1) Quelque irrégulier que soit un verbe, les irrégularités
ne se rencontrent que dans les temps simples; c'est pourquoi

réveiller, mouiller, fouiller, brouiller, embrouiller débrouiller, etc.

IIe. *Verbes dont l'infinitif est terminé en ger.*

MANGER, *modèle.*

INDICATIF.

PRÉSENT.

Je mange, tu manges, il mange,
Nous *mangeons*, (1) vous mangez ils mangent.

IMPARFAIT.

Je *mangeois*, tu *mangeois*, il *mangeoit*,
Nous mangions, vous mangiez, ils *mangeoient*.

PARFAIT DÉFINI.

Je *mangeai*, tu *mangeas*, il *mangea*,
Nous *mangeâmes*, vous *mangeâtes*, ils mangèrent.

PARFAIT INDÉFINI............... J'ai mangé.
PARFAIT ANTÉRIEUR............ J'eus mangé.
PLUS-QUE-PARFAIT .... J'avois mangé.

FUTUR.

Je mangerai, tu mangeras, il mangera,
Nous mangerons, vous mangerez, ils mangeront.

FUTUR ANTÉRIEUR.............. J'aurai mangé.

CONDITIONNEL.

PRÉSENT *ou* FUTUR.

Je mangerois, tu mangerois, il mangeroit,
Nous mangerions, vous mangeriez, il mangeroient.

PASSÉ .... J'aurois *ou* j'eusse mangé.

---

je donnerai seulement la première personne de chaque temps composé.

(1) Remarquez que, dans ce verbe, le G a la prononciation douce du J; c'est pourquoi il faut un E muet à la suite du G avant les voyelles A, O, pour lui conserver cette prononciation. J'indique par un caractère différent toutes les personnes de ce verbe qui doivent avoir un E muet pour adoucir le G.

IMPÉRATIF.

Mange, *mangeons*, mangez.

SUBJONCTIF.

PRÉSENT OU FUTUR.

Que je mange, que tu manges, qu'il mange,
Que nous mangions, que vous mangiez, qu'ils mangent.

IMPARFAIT.

Que je *mangeasse*, que tu *mangeasses*, qu'il *mangeât*,
Que nous *mangeassions*, que vous *mangeassiez*, qu'ils *mangeas-*
  sent.

PARFAIT.................... Que j'aie mangé.
PLUS-QUE-PARFAIT........... Que j'eusse mangé.

INFINITIF.

PRÉSENT .... Manger.
PARFAIT.................... Avoir mangé.
PARTICIPE PRÉSENT .... *Mangeant.*
PARTICIPE PASSÉ........... Mangé, mangée, ayant mangé.

Conjuguez de même les verbes suivants : *Ménager, partager, corriger, interroger, songer, ranger, déranger, arranger, gager, engager, dégager, voyager, nager, ravager, bouger, diriger, rédiger, ronger, juger, protéger, abréger, outrager, encourager, venger*, etc.

IIIᵉ. *Verbes dont l'infinitif est terminé en* **ouer** *et en* **uer**.

JOUER, *modèle*.

INDICATIF.

PRÉSENT.

Je joue, tu joues, il joue,
Nous jouons, vous jouez, ils jouent.

IMPARFAIT.

Je jouois, tu jouois, il jouoit,
Nous jouions, vous jouiez, ils jouoient.

PARFAIT DÉFINI.

Je jouai, tu jouas, il joua,
Nous jouâmes, vous jouâtes, ils jouèrent.

PARFAIT INDÉFINI............. J'ai joué.
PARFAIT ANTÉRIEUR.......... J'eus joué.
PLUS-QUE-PARFAIT........... J'avois joué.

FUTUR.

Je jouerai, tu joueras, il jouera (1),
Nous jouerons, vous jouerez, ils joueront.

FUTUR ANTÉRIEUR........... J'aurai joué.

● CONDITIONNEL.

PRÉSENT OU FUTUR.

Je jouerois, tu jouerois, il joueroit;
Nous jouerions, vous joueriez, ils joueroient.

PASSÉ...................... J'aurois ou j'eusse joué.

IMPÉRATIF.

Joue, jouons, jouez.

SUBJONCTIF.

PRÉSENT OU FUTUR.

Que je joue, que tu joues, qu'il joue,
Que nous jouions, que vous jouiez, qu'ils jouent.

IMPARFAIT.

Que je jouasse, que tu jouasses, qu'il jouât,
Que nous jouassions, que vous jouassiez, qu'ils jouassent.

PARFAIT..................... Que j'aie joué.
PLUS-QUE-PARFAIT........... Que j'eusse joué.

INFINITIF.

PRÉSENT.................... Jouer.
PARFAIT.................... Avoir joué.
PARTICIPE PRÉSENT.......... Jouant.
PARTICIPE PASSÉ............ Joué, jouée, ayant joué.

Conjuguez de même les verbes suivants: *Louer,
avouer, nouer, dénouer, renouer, clouer, déclouer,*

---

(1) Remarquez que, dans tous les verbes de la première
conjugaison, le *futur* a toujours un E muet avant la finale RAI,
et au *conditionnel* de même, avant la finale ROIS (je *jouerai*,
je *jouerois*); et que c'est une faute de le retrancher.

*échouer, vouer, secouer, douer, trouer; et suer,
muer, tuer, remuer, huer, distribuer, instituer,
contribuer, influer, prostituer, destituer, puer.*

Remarque sur ce dernier.

« PUER, verbe neutre, sentir mauvais. Ce verbe
« n'est d'usage qu'à l'infinitif, au présent, à l'impar-
« fait, au futur, et au conditionnel présent. On écri-
« voit autrefois, je *pus,* tu *pus,* il *put;* l'usage a
« réformé cet abus. On écrit maintenant, je *pue,* tu
« *pues,* il *pue. Cette viande commence à* PUER. *Ces*
« *perdrix* PUENT. *Cet homme* PUE *beaucoup. Son ha-*
« *leine* PUE. IL PUOIT. *Cela* PUERA *bientôt. Si vous*
« *gardiez cette viande plus long-temps, elle* PUE-
« ROIT. » (ACADÉMIE).

LHOMOND, dans son Abrégé, et presque tous
ceux qui l'ont copié, écrivent toujours, je *pus,* tu
pus, il *put;* mais c'est à tort : il faut écrire, je *pue,* tu
pues, il *pue,* comme on écrit, je *remue,* tu *remues,*
il *remue.*

IVᵉ. *Verbes dont l'infinitif est terminé en* ier.

OUBLIER, *modèle.*

INDICATIF.

PRÉSENT.

J'oublie, tu oublies, il oublie,
Nous oublions, vous oubliez, ils oublient,

IMPARFAIT.

J'oubliois, tu oubliois, il oublioit,
Nous *oubliions,* vous *oubliiez* (1), ils oublioient.

---

(1) Remarquez que, dans ce verbe et dans les autres semblables, il faut deux *ii* à l'imparfait de l'indicatif, à la première et
à la seconde personne du pluriel.

RÈGLE GÉNÉRALE : Tout verbe dont l'infinitif est terminé en

PARFAIT DÉFINI.

J'oubliai, tu oublias, il oublia,
Nous oubliâmes, vous oubliâtes, ils oublièrent.

PARFAIT INDÉFINI . . . . J'ai oublié.
PARFAIT ANTÉRIEUR . . . . J'eus oublié.
PLUS-QUE-PARFAIT . . . . J'avois oublié.

FUTUR.

J'*oublierai*, tu *oublieras*, il *oubliera* (1),
Nous *oublierons*, vous *oublierez*, ils *oublieront*.

FUTUR ANTÉRIEUR . . . . J'aurai oublié.

CONDITIONNEL.

PRÉSENT *ou* FUTUR.

J'*oublierois*, tu *oublierois*, il *oublieroit*,
Nous *oublierions*, vous *oublieriez*, ils *oublieroient*.

PASSÉ . . . . J'aurois *ou* j'eusse oublié.

IMPÉRATIF.

Oublie, oublions, oubliez.

SUBJONCTIF.

PRÉSENT *ou* FUTUR.

Que j'oublie, que tu oublies, qu'il oublie,
Que nous *oubliions*, que vous *oubliiez* (2), qu'ils oublient.

IMPARFAIT.

Que j'oubliasse, que tu oubliasses, qu'il oubliât,
Que nous oubliassions, que vous oubliassiez, qu'ils oubliassent.

PARFAIT . . . . Que j'aie oublié.
PLUS-QUE-PARFAIT . . . . Que j'eusse oublié.

INFINITIF.

PRÉSENT . . . . Oublier.
PARFAIT . . . . Avoir oublié.
PARTICIPE PRÉSENT . . . . Oubliant.
PARTICIPE PASSÉ . . . . Oublié, oubliée, ayant oublié.

---

ier, a un *i* aux deux premières personnes plurielles du présent
de l'indicatif, et deux *ii* aux mêmes personnes de l'imparfait
du même mode.

(1) Remarquez encore une fois ce que j'ai dit au sujet du
verbe *jouer :* il faut toujours un E muet au futur, avant la finale RAI, et un au conditionnel, avant la finale ROIS.

(2) Remarquez que la première et la seconde personne du

(65)

Conjuguez de même les verbes suivants : *Publier,
prier, sacrifier, scier, plier, déplier, replier, lier,
délier, relier, crier, décrier, vérifier, justifier,
certifier, orthographier, étudier, concilier, récon-
cilier, nier, purifier, défier, vivifier, clarifier,* et
tous les verbes dont l'infinitif est terminé en IER.

V^e. *Verbes dont l'infinitif est terminé en* oyer, ayer
et uyer ; *comme* PLOYER, PAYER, ESSUYER, *etc.*

PLOYER, *modèle.*

INDICATIF.

PRÉSENT.

Je ploie, tu ploies, il ploie (1),
Nous ployons, vous ployez, ils ploient (1).

IMPARFAIT.

Je ployois, tu ployois, il ployoit,
Nous *ployions,* vous *ployiez* (2), ils ployoient.

PARFAIT DÉFINI.

Je ployai, tu ployas, il ploya,
Nous ployâmes, vous ployâtes, ils ployèrent.

PARFAIT INDÉFINI............ J'ai ployé.
PARFAIT ANTÉRIEUR......... J'eus ployé.
PLUS-QUE-PARFAIT.......... J'avois ployé.

FUTUR.

Je ploierai (3), tu ploieras, il ploiera,
Nous ploierons, vous ploierez, ils ploieront.

FUTUR ANTÉRIEUR.......... J'aurai ployé.

---

pluriel du présent du subjonctif sont semblables aux deux
mêmes personnes de l'imparfait de l'indicatif.

(1) Remarquez que, dans ces verbes, l'*y* se change en *i* dans les
trois personnes du singulier, et dans la troisième personne
plurielle du présent de l'indicatif.

(2) La première et la seconde personne plurielle de l'imparfait
de l'indicatif ont un *y* et un *i,* parceque c'est une règle générale
que ces deux personnes doivent toujours avoir un *i* de plus que
les deux mêmes personnes du présent du même mode.

(3) L'*y* se change en *i* au futur et au présent du conditionnel.

CONDITIONNEL

PRÉSENT.

Je ploierois, tu ploierois, il ploieroit,
Nous ploierions, vous ploieriez, ils ploieroient.

PASSÉ . . . . J'aurois ou j'eusse ployé.

IMPÉRATIF.

Ploie (1), ployons, ployez.

SUBJONCTIF.

PRÉSENT.

Que je ploie, que tu ploies, qu'il ploie (2),
Que nous *ployions*, que vous *ployiez* (3), qu'ils ploient.

IMPARFAIT.

Que je ployasse, que tu ployasses, qu'il ployât,
Que nous ployassions, que vous ployassiez, qu'ils ployassent.

PARFAIT . . . . Que j'aie ployé.
PLUS-QUE-PARFAIT . . . . Que j'eusse ployé.

INFINITIF.

PRÉSENT . . . . Ployer.
PARFAIT . . . . Avoir ployé.
PARTICIPE PRÉSENT . . . . Ployant.
PARTICIPE PASSÉ . . . . Ployé, ployée, ayant ployé.

Conjuguer de même les verbes suivants : *Déployer, reployer, employer, tutoyer, noyer, nettoyer, aboyer, côtoyer, coudoyer, fourvoyer, broyer, envoyer* et *renvoyer*, en observant que ces deux derniers font au *futur* et au *conditionnel* j'ENVERRAI, j'ENVERROIS; je RENVERRAI, je RENVERROIS. Conjuguez encore de même les verbes , *payer, essayer, frayer,*

---

(1) L'*y* se change en *i* au singulier de l'impératif, comme à la première personne du présent de l'indicatif.

(2) L'*y* se change en *i* au subjonctif, dans les trois personnes du singulier, et dans la troisième personne plurielle.

(3) La première et la seconde personne plurielle du présent du subjonctif sont semblables aux deux mêmes personnes de l'imparfait de l'indicatif, comme je l'ai déjà dit au verbe *oublier*.

effrayer, rayer, balayer (1); *appuyer, essuyer, ressuyer, ennuyer, désennuyer,* etc.

VIe. Quelques verbes de la première conjugaison ont deux ÉE *de suite à l'infinitif, deux* ÉÉ *accentués au participe masculin, et par conséquent trois* ÉÉE, *dont les deux premiers accentués et le dernier muet, au participe féminin. Ces verbes se conjuguent comme* créer.

CRÉER, *modèle.*

INDICATIF.

PRÉSENT.

Je crée, tu crées, il crée,
Nous créons, vous créez, ils créent.

IMPARFAIT.

Je créois, tu créois, il créoit,
Nous créions, vous créiez, ils créoient.

PARFAIT DÉFINI.

Je créai, tu créas, il créa,
nous créâmes, vous créâtes, ils créèrent.

PARFAIT INDÉFINI.......... J'ai créé.
PARFAIT ANTÉRIEUR.......... J'eus créé.
PLUS-QUE-PARFAIT.......... J'avois créé.

FUTUR.

Je créerai, tu créeras, il créera,
Nous créerons, vous créerez, ils créeront.

FUTUR ANTÉRIEUR.......... J'aurai créé.

CONDITIONNEL.

PRÉSENT.

Je créerois, tu créerois, il créeroit,
Nous créerions, vous créeriez, ils créeroient.

------

(1) Les verbes en AYER sont les seuls dans lesquels on peut conserver l'Y partout où le changement de l'Y en I a été indiqué, excepté au futur et au présent du conditionnel; encore vaut-il mieux suivre la conjugaison du verbe *ployer.*

PASSÉ . . . . J'aurois *ou* j'eusse créé.

IMPÉRATIF.

Crée, créons, créez. •

SUBJONCTIF.

PRÉSENT.

Que je crée, que tu crées, qu'il crée.
Que nous créions, que vous créiez, qu'ils créent.

IMPARFAIT.

Que je créasse, que tu créasses, qu'il créât,
Que nous créassions, que vous créassiez, qu'ils créassent.

PARFAIT . . . . Que j'aie créé.
PLUS-QUE-PARFAIT . . . . Que j'eusse créé,

INFINITIF.

PRÉSENT . . . . Créer.
PARFAIT . . . . Avoir créé.
PARTICIPE PRÉSENT . . . . Créant.
PARTICIPE PASSÉ . . . . Créé, créée, ayant créé.

Conjuguez de même les verbes suivants : *Agréer, ragréer, récréer, suppléer.*

VIIe. *Quelques verbes ont tantôt deux* ll *ou deux* tt, *et tantôt une seule* l *ou un seul* t, *suivant que la prononciation l'exige : le redoublement a lieu toutes les fois que la lettre* l *ou la lettre* t *se trouve suivie d'un* e *muet.*

APPELER, *modèle.*

INDICATIF.

PRÉSENT.

J'*appelle,* tu *appelles,* il *appelle,*
Nous appelons, vous appelez, ils *appellent.*

IMPARFAIT.

J'appelois, tu appelois, il appeloit,
Nous appelions, vous appeliez, ils appeloient.

PARFAIT DÉFINI.

J'appelai, tu appelas, il appela,
Nous appelâmes, vous appelâtes, ils appelèrent.

PARFAIT INDÉFINI . . . . J'ai appelé.
PARFAIT ANTÉRIEUR . . . . J'eus appelé.
PLUS-QUE-PARFAIT . . . . J'avois appelé.

FUTUR.

J'*appellerai*, tu *appelleras*, il *appellera*,
Nous *appellerons*, vous *appellerez*, ils *appelleront*.

FUTUR ANTÉRIEUR . . . . J'aurai appelé.

CONDITIONNEL.
PRÉSENT.

J'*appellerois*, tu *appellerois*, il *appelleroit*,
Nous *appellerions*, vous *appelleriez*, ils *appelleroient*.

PASSÉ . . . . J'aurois *ou* j'eusse appelé.

IMPÉRATIF.

Appelle, appelons, appelez.

SUBJONCTIF.
PRÉSENT.

Que j'*appelle*, que tu *appelles*, qu'il *appelle*,
Que nous appelions, que vous appeliez, qu'ils *appellent*.

IMPARFAIT.

Que j'appelasse, que tu appelasses, qu'il appelât,
Que nous appelassions, que vous appelassiez, qu'ils appelas-
sent.

PARFAIT . . . . Que j'aie appelé.
PLUS-QUE-PARFAIT . . . . Que j'eusse appelé.

INFINITIF.

PRÉSENT . . . . Appeler.
PARFAIT . . . . Avoir Appelé.
PARTICIPE PRÉSENT . . . . Appelant.
PARTICIPE PASSÉ . . . . Appelé, appelée, ayant appelé.

Conjuguez de même les verbes suivants : *Rappeler*,
renouveler, *chanceler*, *étinceler*, *carreler*, *atteler*,
dételer; et *jeter*, *rejeter*, *projeter*, *surjeter*, *cache-*
ter, *décacheter*, *fureter*, en observant de doubler la
lettre *l* ou la lettre *t*, partout où la lettre *l* est doublée
dans le verbe *appeler*.

VIIIe. *Verbes qui ont un* E *muet à l'avant-dernière syllabe de l'infinitif, comme,* MENER*,* PROMENER*,* ACHEVER*, etc.*

Ces verbes ne doublent jamais la consonne devant l'*e* muet ; mais on met un accent grave sur l'*è* partout où la lettre *l* est doublée dans le verbe *appeler*.

MENER, *modèle.*

INDICATIF.

PRÉSENT.

Je *mène,* tu *mènes,* il *mène,*
Nous menons, vous menez, ils *mènent.*

IMPARFAIT.

Je menois, tu menois, il menoit,
Nous menions, vous meniez, ils menoient.

PARFAIT DÉFINI.

Je menai, tu menas, il mena,
Nous menâmes, vous menâtes, il menèrent.

PARFAIT INDÉFINI . . . . J'ai mené.
PARFAIT ANTÉRIEUR . . . . J'eus mené.
PLUS-QUE-PARFAIT . . . . J'avois mené.

FUTUR.

Je *mènerai,* tu *mèneras,* il *mènera,*
Nous *mènerons,* vous *mènerez,* ils *mèneront.*

FUTUR ANTÉRIEUR . . . . J'aurai mené.

CONDITIONNEL.

PRÉSENT.

Je *mènerois,* tu *mènerois,* il *mèneroit,*
Nous *mènerions,* vous *mèneriez,* ils *mèneroient.*

PASSÉ . . . . J'aurois *ou* j'eusse mené.

IMPÉRATIF.

mène, menons, menez,

SUBJONCTIF.

PRÉSENT.

Que je *mène,* que tu *mènes,* qu'il *mène,*
Que nous menions, que vous meniez, qu'ils *mènent.*

IMPARFAIT.

Que je menasse, que tu menasses, qu'il menât,
Que nous menassions, que vous menassiez, qu'ils menassent.

PARFAIT.................... Que j'aie mené.
PLUS-QUE-PARFAIT.......... Que j'eusse mené.

INFINITIF.

PRÉSENT................... Mener.
PARFAIT................... Avoir mené.
PARTICIPE PRÉSENT......... Menant.
PARTICIPE PASSÉ........... Mené, menée, ayant menée.

Conjuguez de même les verbes suivants : *Amener, ramener, emmener, promener, lever, enlever, soulever, achever, crever, dépecer, celer, déceler, receler, peser, modeler,* etc.

IXe. *Verbes qui ont l'accent aigu sur l'é à l'avant-dernière syllabe de l'infinitif.*

Ces verbes conservent l'accent aigu partout où il n'y a qu'une *l* dans le verbe *appeler;* mais on met l'accent grave sur le même *è* partout où il y a deux *ll* dans le verbe *appeler.*

CÉDER, *modèle.*

INDICATIF.

PRÉSENT.

Je *cède,* tu *cèdes,* il *cède,*
Nous cédons, vous cédez, ils *cèdent.*

IMPARFAIT.

Je cédois, tu cédois, il cédoit,
Nous cédions, vous cédiez, ils cédoient.

PARFAIT DÉFINI.

Je cédai, tu cédas, il céda,
Nous cédâmes, vous cédâtes, ils cédèrent.

PARFAIT INDÉFINI.......... J'ai cédé.
PARFAIT ANTÉRIEUR......... J'eus cédé.
PLUS-QUE-PARFAIT.......... J'avois cédé.

FUTUR.

Je *cèderai*, tu *cèderas*, il *cèdera*,
Nous *cèderons*, vous *cèderez*, ils *cèderont*.

FUTUR ANTÉRIEUR . . . . J'aurai cédé.

CONDITIONNEL.

PRÉSENT.

Je *cèderois*, tu *cèderois*, il *cèderoit*,
Nous *cèderions*, vous *cèderiez*, ils *cèderoient*.

PASSÉ . . . . J'aurois *ou* j'eusse cédé.

IMPÉRATIF.

Cède, cédons, cédez.

SUBJONCTIF.

PRÉSENT.

Que je *cède*, que tu *cèdes*, qu'il *cède*,
Que nous cédions, que vous cédiez, qu'ils *cèdent*.

IMPARFAIT.

Que je cédasse, que tu cédasses, qu'il cédât,
Que nous cédassions, que vous cédassiez, qu'ils cédassent.

PARFAIT . . . . Que j'aie cédé.
PLUS-QUE-PARFAIT . . . . Que j'eusse cédé.

INFINITIF.

PRÉSENT . . . . Céder.
PARFAIT . . . . Avoir cédé.
PARTICIPE PRÉSENT . . . . Cédant.
PARTICIPE PASSÉ . . . . Cédé, cédée, ayant cédé.

Conjuguez de même les verbes suivants : *Recéder*, *procéder*, *concéder*, *décéder*, *succéder*, *pécher*, *alléguer*, *régner*, etc.

X[e]. ALLER, *verbe neutre irrégulier*.

Il se conjugue dans ses temps composés, avec le verbe auxiliaire ÊTRE.

Ce verbe signifie se mouvoir, se transporter d'un lieu à un autre. Il seroit difficile d'embrasser dans une définition juste toutes les significations que notre langue lui prête ; c'est un des verbes qu'elle met le plus en usage.

(73)

Conjugaison du verbe ALLER.

INDICATIF.

PRÉSENT.

Je vais *ou* je vas (1), tu vas , il *ou* elle va ,
Nous allons , vous allez , ils *ou* elles vont.

IMPARFAIT.

J'allois, tu allois, il *ou* elle alloit,
Nous allions, vous alliez , ils *ou* elles alloient.

PARFAIT DÉFINI.

J'allai, tu allas , il *ou* elle alla ,
Nous allâmes , vous allâtes, ils *ou* elles allèrent.

AUTREMENT.

Je fus , tu fus, il *ou* elle fut ,
Nous fûmes, vous fûtes, ils *ou* elles furent.

(Ce dernier est emprunté du verbe ÊTRE *, et n'est guère en usage que dans la conversation.)*

PARFAIT INDÉFINI.

Je suis allé , tu es allé , il est allé (2),
Nous sommes allés, vous êtes allés , ils sont allés (2).

AUTREMENT.

J'ai été , tu as été , il a été.
Nous avons été, vous avez été , ils ont été.

(Ce dernier est encore emprunté du verbe ÊTRE. *On dit,* IL EST ALLÉ *chez vous , si la personne dont on parle est encore dehors ; et,* IL A ÉTÉ *chez vous , si la personne est rentrée.)*

PARFAIT ANTÉRIEUR.

Je fus allé, tu fus allé, il fut allé,
Nous fûmes allés, vous fûtes allés , ils furent allés.

---

(1) Je *vas* est moins en usage que je *vais :* il n'y a que la conversation et la poésie qui souffrent je *vas.*

(1) Au féminin *je suis allée , tu es allée , elle est allée , nous sommes allées , vous êtes allées , elles sont allées.* La même chose à tous les autres temps composés.

4

AUTREMENT.

J'eus été, tu eus été, il eut été ,
Nous eûmes été, vous eûtes été, ils eurent été.

(Emprunté du verbe ÊTRE *)*

PLUS-QUE-PARFAIT.

J'étois allé, tu étois allé, il étoit allé ,
Nous étions allés, vous étiez allés, ils étoient allés.

AUTREMENT.

J'avois été, tu avois été, il avoit été ,
Nous avions été, vous aviez été, ils avoient été.

(Emprunté du verbe ÊTRE. *)*

FUTUR.

J'irai, tu iras, il ira,
Nous irons, vous irez, ils iront.

FUTUR ANTÉRIEUR.

Je serai allé, tu seras allé, il sera allé,
Nous serons allés vous serez allés, ils seront allés.

AUTREMENT.

J'aurai été, tu auras été, il aura été,
nous aurons été, vous aurez été, ils auront été.

(Emprunté du verbe ÊTRE. *)*

CONDITIONNEL.

PRÉSENT.

J'irois, tu irois, il iroit,
Nous irions, vous iriez, ils iroient.

PASSÉ.

Je serois *ou* je fusse allé, tu serois *ou* tu fusses allé, il seroit *ou*
il fût allé,
Nous serions *ou* nous fussions allés, vous seriez *ou* vous fussiez
allés, ils seroient *ou* ils fussent allés.

AUTREMENT.

J'aurois *ou* j'eusse été, tu aurois *ou* tu eusses été, il auroit *ou* il
eût été,
Nous aurions *ou* nous eussions été, vous auriez *ou* vous eussiez
été, ils auroient *ou* ils eussent été.

(Emprunté du verbe ÊTRE.*)*

(75)

IMPÉRATIF.

Va (1), allons, allez.

SUBJONCTIF.

PRÉSENT.

Que j'aille, que tu ailles, qu'il aille,
Que nous allions, que vous alliez, qu'ils aillent.

IMPARFAIT.

Que j'allasse, que tu allasses, qu'il allât,
Que nous allassions, que vous allassiez, qu'ils allassent.

PARFAIT.

Que je sois allé, que tu sois allé, qu'il soit allé,
Que nous soyons allés, que vous soyez allés, qu'ils soient allés.

AUTREMENT.

Que j'aie été, que tu aies été, qu'il ait été,
Que nous ayons été, que vous ayez été, qu'ils aient été.

(Emprunté du verbe ÊTRE. *)*

PLUS-QUE-PARFAIT.

Que je fusse allé, que tu fusses allé, qu'il fût allé,
Que nous fussions allés, que vous fussiez allés, qu'ils fussent
allés.

AUTREMENT.

Que j'eusse été, que tu eusses été, qu'il eût été,
Que nous eussions été, que vous eussiez été, qu'ils eussent été.

(Emprunté du verbe ÊTRE. *)*

INFINITIF.

PRÉSENT.................... Aller.
PARFAIT.................... Être allé, *ou* avoir été.
PARTICIPE PRÉSENT.......... Allant.
PARTICIPE PASSÉ............ Allé, allée, étant allé, *ou* ayant
été.

REMARQUE. Il faut toujours préférer les temps du verbe *aller*, à ceux qui sont empruntés du verbe *être*, à moins qu'en employant les temps du verbe *être* pour ceux du verbe *aller*, le sens de la phrase ne soit plus clair; ce qui ne peut jamais être nécessaire qu'à la troisième personne.

(1) On écrit généralement VA. Si l'impératif est suivi du pronom Y, il faut écrire *vas-y* ou *va-s-y*; mais si après le pronom Y il y a un autre verbe, il faut écrire VA sans *s; va y voir, va y porter du secours, va y faire un tour.*

XIe. *Conjugaison du verbe* s'en aller.

Ce verbe se conjugue comme *aller*, dans les temps simples; mais dans les temps composés, le mot EN se place avant l'auxiliaire *être: je m'*EN *suis allé*, et non *je me suis* EN *allé*.

INDICATIF.

PRÉSENT.

Je m'en vais, tu t'en vas, il s'en va,
Nous nous en allons, vous vous en allez, ils s'en vont.

IMPARFAIT.

Je m'en allois, tu t'en allois, il s'en alloit,
Nous nous en allions, vous vous en alliez, ils s'en alloient.

PARFAIT DÉFINI.

Je m'en allai, tu t'en allas, il s'en alla,
Nous nous en allâmes, vous vous en allâtes, ils s'en allèrent.

PARFAIT INDÉFINI.

Je m'en suis allé, tu t'en es allé, il s'en est allé,
Nous nous en sommes allés, vous vous en êtes allés, ils s'en sont allés (1).

PARFAIT ANTÉRIEUR.

Je m'en fus allé, tu t'en fus allé, il s'en fut allé,
Nous nous en fûmes allés, vous vous en fûtes allés, ils s'en furent allés.

PLUS-QUE-PARFAIT.

Je m'en étois allé, tu t'en étois allé, il s'en étoit allé,
Nous nous en étions allés, vous vous en étiez allés, ils s'en étoient allés.

FUTUR.

Je m'en irai, tu t'en iras, il s'en ira,
Nous nous en irons, vous vous en irez, ils s'en iront.

FUTUR ANTÉRIEUR.

Je m'en serai allé, tu t'en seras allé, il s'en sera allé,
Nous nous en serons allés, vous vous en serez allés, ils s'en seront allés.

____

(1) Au féminin un E muet dans tous les temps composés; *allée, allées.*

CONDITIONNEL.

PRÉSENT.

Je m'en irois, tu t'en irois, il s'en iroit,
Nous nous en irions, vous vous en iriez, ils s'en iroient.

PASSÉ.

Je m'en serois *ou* je m'en fusse allé, tu t'en serois *ou* tu t'en
  fusses allé, il s'en seroit *ou* il s'en fût allé,
Nous nous en serions *ou* nous nous en fussions allés, vous vous
  en seriez *ou* vous vous en fussiez allés, ils s'en seroient *ou* ils
  s'en fussent allés.

IMPÉRATIF.

Va-t'en (1), allons-nous-en, allez-vous-en.

SUBJONCTIF.

PRÉSENT.

Que je m'en aille, que tu t'en ailles, qu'il s'en aille,
Que nous nous en allions, que vous vous en alliez, qu'ils s'en
  aillent.

IMPARFAIT.

Que je m'en allasse, que tu t'en allasses, qu'il s'en allât,
Que nous nous en allassions, que vous vous en allassiez, qu'ils
  s'en allassent.

PARFAIT.

Que je m'en sois allé, que tu t'en sois allé, qu'il s'en soit allé.
Que nous nous en soyons allés, que vous vous en soyez allés,
  qu'ils s'en soient allés.

PLUS-QUE-PARFAIT.

Que je m'en fusse allé, que tu t'en fusses allé, qu'il s'en fût
  allé,
Que nous nous en fussions allés, que vous vous en fussiez allés,
  qu'ils s'en fussent allés.

INFINITIF.

PRÉSENT..................... S'en aller.
PARFAIT.................... S'en être allé.

---

(1) N'écrivez jamais VA-T-EN, en plaçant le *t* entre deux
traits d'union, comme on écrit VA-T-IL; il faut le pronom
TE, dont on retranche l'*e*. La meilleure preuve qu'on puisse en
donner, c'est qu'en parlant à quelqu'un qu'on ne tutoie point,
on dit, ALLEZ-VOUS-EN; et puisque dans ce cas on emploie
le pronom *vous*, dans l'autre, on doit employer le pronom *te*.

PARTICIPE PRÉSENT............. S'en allant.
PARTICIPE PASSÉ .... Allé, allée, s'en étant allé.

CHAPITRE II.

Verbes irréguliers de la seconde conjugaison.

Ier. BÉNIR, *verbe actif.*

Il se conjugue comme FINIR. La seule irrégularité de ce verbe est qu'il a deux participes : BÉNI, BÉNIE; et BÉNIT, BÉNITE. *Bénit, bénite,* est consacré aux choses saintes, et doit être considéré dans l'usage actuel, comme un pur adjectif : *du pain* BÉNIT, *de l'eau* BÉNITE, *un cierge* BÉNIT, *une chandelle* BÉNITE.

L'autre participe, *béni, bénie,* a toutes les autres significations de son verbe : *les ames* BÉNIES *de Dieu sont toujours heureuses, un peuple* BÉNI *de Dieu; ceux qui assistent les pauvres sont* BÉNIS *de Dieu.*

Conjuguez ce verbe comme *finir,* mais en employant, dans les temps composés, le participe *béni.*

IIe. HAÏR, *verbe actif. (l'*H *est aspirée.)*

Ce verbe n'a d'irrégularités que dans la prononciation. Il est de deux syllabes à l'infinitif, et s'écrit avec un tréma sur l'ï. Il retient la même prononciation et la même orthographe dans tous les temps, excepté dans les trois personnes singulières du présent de l'indicatif, et dans la seconde personne singulière de l'impératif, où il n'est que d'une seule syllabe, et où il s'écrit sans tréma.

INDICATIF. PRÉSENT. Je hais, tu hais, il hait (1), nous haïssons, vous haïssez, ils haïssent. — IMPARFAIT. Je haïssois, tu haïssois, il haïssoit, nous haïssions, vous haïssiez, ils haïssoient. = PARFAIT DÉFINI. Je haïs, tu haïs, il haït, nous haïmes, vous haïtes, ils haïrent. — PARFAIT INDÉFINI. J'ai haï. — PARFAIT ANTÉRIEUR. J'eus haï. — PLUS-QUE-PARFAIT. J'avois haï. — FUTUR Je haïrai, tu haïras, il haïra, nous haïrons, vous haïrez, ils haïront. — FUTUR ANTÉRIEUR. J'aurai haï. — CONDITIONNEL. PRÉSENT. Je haïrois, tu haïrois, il haïroit, nous haïrions, vous haïriez, ils haïroient. — PASSÉ. J'aurois *ou* j'eusse haï. — IMPÉRATIF. Hais (2), haïssons, haïssez. — SUBJONCTIF. PRÉSENT. Que je haïsse, que tu haïsses, qu'il haïsse, que nous haïssions, que vous haïssiez, qu'ils haïssent. — IMPARFAIT. Que je haïsse, que tu haïsses, qu'il haït, que nous haïssions, que vous haïssiez, qu'ils haïssent. — PARFAIT. Que j'aie haï. — PLUS-QUE-PARFAIT. Que j'eusse haï. — INFINITIF. PRÉSENT. Haïr. — PARFAIT. Avoir haï. — PARTICIPE PRÉSENT. Haïssant. — PARTICIPE PASSÉ. Haï, haïe, ayant haï.

IIIe. FLEURIR, *verbe neutre*.

Ce verbe est régulier dans le sens propre, c'est-à-dire quand il signifie pousser de la fleur, et il se conjugue comme *finir*; mais dans le sens figuré, c'est-à-dire en parlant des sciences et des arts, il fait à l'imparfait de l'indicatif, FLORISSOIT, et au participe présent, FLORISSANT. *Alors la poésie et l'éloquence* FLORISSOIENT; *cet Empire* FLORISSOIT.

IVe. SENTIR, *verbe actif*.

INDICATIF. PRÉSENT. Je sens, tu sens, il sent, nous sentons, vous sentez, ils sentent. — IMPARFAIT. Je sentois, nous sentions. — PARFAIT DÉFINI. Je sentis, nous sentîmes. — PARFAIT INDÉFINI. J'ai senti. — PARFAIT ANTÉRIEUR. J'eus senti. — PLUS-QUE-PARFAIT. J'avois senti. — FUTUR. Je sentirai, nous

---

(1) Prononcez : je *hès*, tu *hès*, il *hèt*.
(2) Prononcez : *hès*.

sentirons.—FUTUR ANTÉRIEUR. J'aurai senti.—CONDITION-
NEL. PRÉSENT. Je sentirois, nous sentirions. — PASSÉ. J'aurois
ou j'eusse senti.—IMPÉRATIF. Sens, sentons, sentez. —
SUBJONCTIF. PRÉSENT Que je sente, que tu sentes, qu'il sen-
te, que nous sentions, que vous sentiez, qu'ils sentent. —
IMPARFAIT. Que je sentisse, que tu sentisses, qu'il sentît, que
nous sentissions, que vous sentissiez, qu'ils sentissent. — PAR-
FAIT. Que j'aie senti. — PLUS-QUE-PARFAIT. Que j'eusse senti.—
INFINITIF. PRÉSENT. Sentir— PARFAIT. Avoir senti.—PARTI-
CIPE PRÉSENT. Sentant.—PARTICIPE PASSÉ. Senti, sentie, ayant
senti.

Conjuguez de même les verbes, *ressentir, consen-
tir, pressentir, mentir, démentir.*

V°. BOUILLIR, *verbe neutre.*

INDICATIF. PRÉSENT. Je bous, tu bous, il bout, nous bouillons, vous bouillez, ils bouillent. — IMPARFAIT. Je bouillois,
tu bouillois, il bouilloit, nous bouillions, vous bouilliez, ils
bouilloient.—PARFAIT DÉFINI. Je bouillis, nous bouillîmes. —
PARFAIT INDÉFINI. J'ai bouilli. — PARFAIT ANTÉRIEUR. J'eus
bouilli. — PLUS-QUE-PARFAIT. J'avois bouilli. — FUTUR. Je
bouillirai. — FUTUR ANTÉRIEUR. J'aurai bouilli. — CONDITI-
ONNEL. PRÉSENT. Je bouillirois, nous bouillirions. — PASSÉ.
J'aurois *ou* j'eusse bouilli. — IMPÉRATIF. Bous, bouillons,
bouillez. — SUBJONCTIF. PRÉSENT. Que je bouille, que tu
bouilles, qu'il bouille, que nous bouillions, que vous bouilliez,
qu'ils bouillent. — IMPARFAIT. Que je bouillisse, que tu bouil-
lisses, qu'il bouillit, que nous boullissions, que vous bouil-
lissiez, qu'ils bouillissent. — PARFAIT. Que j'aie bouilli. —
PLUS-QUE-PARFAIT. Que j'eusse bouilli. —INFINITIF. PRÉSENT.
Bouillir. — PARFAIT. Avoir bouilli. — PARTICIPE PRÉSENT.
Bouillant.—PARTICIPE PASSÉ. Bouilli, bouillie, ayant bouilli.

Ce verbe est plus en usage à l'infinitif qu'à tous les
autres temps, mais en y ajoutant le verbe *faire* : FAIRE
BOUILLIR *du lait,* FAIRE BOUILLIR *de l'eau,* etc.

Son participe peut devenir adjectif, quoique participe d'un verbe neutre qui se conjugue avec *avoir* :
du bœuf BOUILLI *de la viande* BOUILLIE, *des châ-
taignes* BOUILLIES, etc.

VIe. COURIR, *verbe actif et neutre.*

INDICATIF. PRÉSENT. Je cours, tu cours, il court, nous courons, vous courez, ils courent. — IMPARFAIT. Je courois, nous courions. — PARFAIT DÉFINI. Je courus, nous courûmes. — PARFAIT INDÉFINI. J'ai couru. — PARFAIT ANTÉRIEUR. J'eus couru. — PLUS-QUE-PARFAIT. J'avois couru. — FUTUR. Je *courrai*, tu *courras*, il *courra*, nous *courrons*, vous *courrez*, ils *courront.* — FUTUR ANTÉRIEUR. J'aurai couru. — CONDITION-NEL. PRÉSENT. Je *courrois*, tu *courrois*, il *courroit*, nous *courrions*, vous *courriez*, ils *courroient.* — PASSÉ. J'aurois *ou* j'eusse couru. — IMPÉRATIF. Cours, courons, courez. — SUBJONC-TIF. PRÉSENT. Que je coure, que tu coures, qu'il coure, que nous courions, que vous couriez, qu'ils courent. — IMPARFAIT. Que je courusse, que tu courusses, qu'il courût, que nous courussions, que vous courussiez, qu'ils courussent. — PAR-FAIT. Que j'aie couru. — PLUS-QUE-PARFAIT. Que j'eusse couru. — INFINITIF. PRÉSENT. Courir. — PARFAIT. Avoir couru. — PARTICIPE PRÉSENT. Courant. — PARTICIPE PASSÉ. Couru, courue, ayant couru.

Conjuguez de même les verbes *accourir, concourir, discourir, encourir, parcourir, recourir, secourir.*

REMARQUE. *Accourir* se conjugue comme *courir;* mais il reçoit indifféremment l'un ou l'autre *auxiliaire:* on dit également, J'AI *accouru,* je SUIS *accouru.*

VIIe. FAILLIR, *verbe neutre irrégulier et défectif.*

INDICATIF. PRÉSENT. Je faux, tu faux, il faut, nous faillons, vous faillez, ils faillent. — *Hors d'usage à l'imparfait.* — PARFAIT DÉFINI. Je faillis, tu faillis, il faillit, nous faillîmes, vous faillîtes, ils faillirent. — PARFAIT INDÉFINI. J'ai failli. — PARFAIT ANTÉRIEUR. J'eus failli. — PLUS-QUE-PARFAIT. J'avois failli. — FUTUR. *Peu en usage.* Je faudrai, nous faudrons. — FUTUR ANTÉRIEUR, *Quand* j'aurai failli. — CONDITIONNEL. *Hors d'usage au présent.* — PASSÉ J'aurois *ou* j'eusse failli. — IMPÉRATIF. Faux, faillons, faillez. — SUBJONCTIF. PRÉSENT. Que je faille, que tu failles, qu'il faille, que nous faillions, que vous failliez, qu'ils faillent. — IMPARFAIT. Que je faillisse, que tu faillisses, qu'il faillît, que nous faillissions, que vous faillissiez, qu'ils faillissent.— PARFAIT. Que j'aie failli. — PLUS-QUE-PARFAIT. Que j'eusse failli. —INFINITIF. Faillir. Avoir failli. — Faillant. — Failli, ayant failli.

REMARQUE. La plupart des temps simples de ce verbe sont hors d'usage ; mais il est en usage à tous ses temps composés.

VIIIe. FUIR, *verbe actif et neutre.*

INDICATIF. PRÉSENT. Je fuis, tu fuis, il fuit, nous fuyons, vous fuyez, ils fuient. — IMPARFAIT. Je fuyois, tu fuyois, il fuyoit, nous *fuyions*, vous *fuyiez* (1), ils fuyoient. — PARFAIT DÉFINI. Je fuis, tu fuis, il fuit, nous fuîmes, vous fuîtes, ils fuirent. — PARFAIT INDÉFINI. J'ai fui. — PARFAIT ANTÉRIEUR. J'eus fui. — PLUS-QUE-PARFAIT. J'avois fui. — FUTUR. Je fuirai, nous fuirons.—FUTUR ANTÉRIEUR. J'aurai fui. — CONDITION-NEL. PRÉSENT. Je fuirois, nous fuirions. — PASSÉ. J'aurois, ou j'eusse fui. — IMPÉRATIF. Fuis, fuyons, fuyez. — SUB-JONCTIF. PRÉSENT. Que je fuie, que tu fuies, qu'il fuie, que nous *fuyions*, que vous *fuyiez* (2), qu'ils fuient. — IMPARFAIT. Que je fuisse, que tu fuisses, qu'il fuît, que nous fuissions, que vous fuissiez, qu'ils fuissent. — PARFAIT. Que j'aie fui. — PLUS-QUE-PARFAIT. Que j'eusse fui. — INFINITIF. Fuir. — Avoir fui. — Fuyant. — Fui, fuie, ayant fui.

Conjuguez de même le verbe *s'enfuir.*

IXe MOURIR, *verbe neutre.*

Il prend l'auxiliaire ÊTRE *dans ses temps composés.*

INDICATIF. PRÉSENT. Je meurs, tu meurs, il meurt, nous mourons, vous mourez, ils meurent.—IMPARFAIT. Je mourois,

---

(1) On doit savoir qu'à l'imparfait il faut un *i* de plus qu'au présent : c'est pourquoi ce temps a un *y* et un *i*. Nous *fuyions*, vous *fuyiez*.

(2) Les deux premières personnes plurielles du présent du subjonctif sont semblables aux deux mêmes personnes de l'imparfait de l'indicatif.

tu mourois, il mouroit, nous mourions, vous mouriez, ils mouroient.— PARFAIT DÉFINI. Je mourus tu mourus, il mourut, nous mourûmes, vous mourûtes, il moururent. — PARFAIT INDÉFINI. Je suis mort, tu es mort, il est mort, nous sommes morts, vous êtes morts, ils sont morts.— PARFAIT ANTÉRIEUR. Je fus mort, nous fûmes morts.— PLUS-QUE-PARFAIT. J'étois mort, nous étions morts. — FUTUR. Je *mourrai*, tu *mourras*, il *mourra*, nous *mourrons*, vous *mourrez*, ils *mourront*. — FUTUR ANTÉRIEUR. Je serai mort, nous serons morts.— CONDITIONNEL. PRÉSENT. Je *mourrois*, tu *mourrois*, il *mourroit*, nous *mourrions*, vous *mourriez*, ils *mourroient*. — PASSÉ. Je serois *ou* je fusse mort, nous serions *ou* nous fussions morts. — IMPÉRATIF. Meurs, mourons, mourez. — SUBJONCTIF. PRÉSENT. Que je meure, que tu meures, qu'il meure, que nous mourions, que vous mouriez, qu'ils meurent.—IMPARFAIT. Que je mourusse, que tu mourusses, qu'il mourût, que nous mourussions, que vous mourussiez, qu'ils mourussent. — PARFAIT. Que je sois mort, que nous soyons morts.— PLUS-QUE-PARFAIT. Que je fusse mort, que nous fussions morts. — INFINITIF. Mourir. — Être mort *ou* morte. — Mourant. — Mort, morte, étant mort *ou* étant morte.

Xᵉ. ACQUÉRIR, *verbe actif.*

INDICATIF. PRÉSENT. J'acquiers, tu acquiers, il acquiert, nous acquérons, vous acquérez, ils acquièrent. — IMPARFAIT. J'acquérois, tu acquérois, il acquéroit, nous acquérions, vous acquériez, ils acquéroient. — PARFAIT DÉFINI. J'acquis, tu acquis, il acquit, nous acquîmes, vous acquîtes, ils acquirent. — PARFAIT INDÉFINI. J'ai acquis. — PARFAIT ANTÉRIEUR. J'eus acquis —PLUS-QUE-PARFAIT. J'avois acquis. — FUTUR. J'acquerrai, tu acquerras, il acquerra, nous acquerrons, vous acquerrez, il acquerront. — FUTUR ANTÉRIEUR. J'aurai acquis. — CONDITIONNEL. PRÉSENT. J'acquerrois, tu acquerrois, il acquerroit, nous acquerrions, vous acquerriez, ils acquerroient. — PASSÉ. J'aurois *ou* j'eusse acquis. — IMPÉRATIF. Acquiers, acquérons, acquérez. — SUBJONCTIF. PRÉSENT. Que j'acquière, que tu acquières, qu'il acquière, que nous acquérions, que vous acquériez, qu'ils acquièrent. IMPARFAIT. Que j'acquisse, que tu acquisses, qu'il acquît, que nous acquissions, que vous acquissiez, qu'ils acquissent. — PARFAIT. Que j'aie acquis. — PLUS-QUE-PARFAIT. Que j'eusse acquis. — INFINITIF. Acquérir. — Avoir acquis. — Acquérant. — Acquis, acquise, ayant acquis.

Conjuguez de même les verbes, *conquérir*, *enquérir*, *requérir*, et *reconquérir*. ENQUÉRIR se conjugue avec le pronom réfléchi : *S'enquérir ; je m'enquiers*, etc. Il signifie s'informer, faire recherche.

XIe. OUIR, *verbe actif défectif.*

INDICATIF. PRÉSENT. J'*ois*, tu *ois*, il *oit*, nous *oyons*, vous *oyez*, ils *oient ;* mais ce temps, ni l'imparfait, j'*oyois*, ni le futur, j'*oirai*, ne sont plus d'usage, non plus que les temps qui en sont formés. On ne se sert maintenant de ce verbe qu'au parfait défini, j'*ouïs ;* à l'imparfait du subjonctif, que j'*ouïsse ;* à l'infinitif, et dans tous les temps formés du participe *ouï* et du verbe *avoir : J'ai ouï, nous avons ouï, j'eusse ouï, nous eussions ouï, j'avois ouï, nous avions ouï*, etc.

> Un savetier chantoit du matin jusqu'au soir :
> C'étoit merveille de le voir,
> Merveille de l'OUIR : etc.

> Il ne faut jamais dire aux gens :
> Écoutez un bon mot, OYEZ une merveille.
>
> LA FONTAINE.

XIIe. QUERIR, *verbe actif.*

Il signifie proprement chercher avec charge d'amener celui qu'on nous envoie chercher, ou d'apporter la chose dont il est question ; mais il n'est d'usage qu'à l'infinitif, et avec les verbes *aller*, *venir*, *envoyer*. *Allez me* QUERIR *un tel. Il est allé me* QUERIR *quelque chose. Je l'ai envoyé* QUERIR. *Il m'est venu* QUERIR.

XIIIe. VÊTIR, *verbe actif.*

INDICATIF. PRÉSENT. Je vêts, tu vêts, il vêt, nous vêtons, vous vêtez, ils vêtent. *(Le singulier de ce temps n'est guère d'u-*

sage.) — IMPARFAIT. Je vêtois. — PARFAIT DÉFINI. Je vêtis, nous vêtîmes. — J'ai vêtu. — J'eus vêtu. — J'avois vêtu. — Je vêtirai. — J'aurai vêtu. — CONDITIONNEL. Je vêtirois. — J'aurois *ou* j'eusse vêtu. — IMPÉRATIF. Vêts, vêtons, vêtez. *(Ce mode est peu en usage.)* — SUBJONCTIF. Que je vête, que tu vêtes, qu'il vête, que nous vêtions, que vous vêtiez, qu'ils vêtent. — Que je vêtisse, que tu vêtisses, qu'il vêtît, que nous vêtissions, que vous vêtissiez, qu'ils vêtissent. — Que j'aie vêtu. — Que j'eusse vêtu. — INFINITIF. Vêtir. — Avoir vêtu. — Vêtant. — Vêtu, vêtue, ayant vêtu.

Conjuguez de même les verbes, *dévêtir, revêtir,* et *survêtir.*

XIVᵉ. SORTIR, *verbe actif et neutre.*

SORTIR, *neutre, signifie passer du dedans au dehors. Dans ce cas, il prend l'auxiliaire* ÊTRE.

SORTIR, *actif, signifie obtenir, avoir. Il n'est d'usage qu'en termes de palais, et seulement en quelques uns de ses temps. Il se conjugue avec* AVOIR.

INDICATIF.

PRÉSENT.

Neutre (1).

Je sors, tu sors, il sort, nous sortons, vous sortez, ils sortent.

Actif (2).

Je sortis, tu sortis, il sortit, nous sortissons, veus sortissez, ils sortissent.

IMPARFAIT.

Je sortois, tu sortois, il sortoit, nous sortions, vous sortiez, ils sortoient.

Je sortissois, tu sortissois, il sortissoit, nous sortissions, vous sortissiez, ils sortissoient.

PARFAIT DÉFINI.

Je sortis, tu sortis, il sortit, nous sortîmes, vous sortîtes, ils sortirent.

Je sortis, tu sortis, il sortit, nous sortîmes, vous sortîtes, ils sortirent.

PARFAIT INDÉFINI.

Je suis sorti.
Nous sommes sortis.

J'ai sorti.
Nous avons sorti.

---

(1) Il se conjugue comme *sentir,* dans les temps simples.
(2) Il se conjugue comme *finir.*

Neutre.   *Actif.*

PARFAIT ANTÉRIEUR.

Quand   *Quand*

Je fus sorti.   J'eus sorti.
Nous fûmes sortis.   Nous eûmes sorti.

PLUS-QUE-PARFAIT.

J'étois sorti.   J'avois sorti.
Nous étions sortis.   Nous avions sorti.

FUTUR.

Je sortirai, etc.   Je sortirai, etc.

FUTUR ANTÉRIEUR.

Quand   *Quand*

Je serai sorti.   J'aurai sorti.
Nous serons sortis.   Nous aurons sorti.

CONDITIONNEL.

PRÉSENT.

Je sortirois, etc.   Je sortirois, etc.

PASSÉ.

Je serois *ou* je fusse sorti.   J'aurois *ou* j'eusse sorti.

IMPÉRATIF.

Sors, sortons, sortez.   Sortis, sortissons, sortissez.

SUBJONCTIF.

PRÉSENT

Il *faut* que je sorte, que tu sortes, qu'il sorte, que nous sortions, que vous sortiez, qu'ils sortent.   **Il** *faut* que je sortisse, que tu sortisses, qu'il sortisse, que nous sortissions, que vous sortissiez, qu'ils sortissent.

IMPARFAIT.

Il *falloit* que je sortisse, que tu sortisses, qu'il sortît, que nous sortissions, que vous sortissiez, qu'ils sortissent.   **Il** *falloit* que je sortisse, que tu sortisses, qu'il sortît, que nous sortissions, que vous sortissiez, qu'ils sortissent.

PARFAIT.

Que je sois sorti.   Que j'aie sorti.
Que nous soyons sortis.   Que nous ayons sorti.

PLUS-QUE-PARFAIT,

Que je fusse sorti.   Que j'eusse sorti.
Que nous fussions sortis   Que nous eussions sorti.

INFINITIF.

PRÉSENT.

Sortir.   Sortir.

PARFAIT.

Être sorti.   Avoir sorti.

PARTICIPE PRÉSENT.

Sortant.   Sortissant.

PARTICIPE PASSÉ.

Sorti, sortie, étant sorti.   Sorti, sortie, ayant sorti.

Conjuguez de même le verbe neutre *ressortir*, qui signifie *sortir de nouveau*.

Conjuguez de même les verbes, *assortir*, mettre plusieurs choses ensemble, en sorte qu'elles se conviennent; *désassortir*, ôter ou déplacer quelqu'une des choses qui avoient été assorties; et *ressortir*, verbe neutre, qui signifie être du ressort, de la dépendance de quelque juridiction.

XVe. DORMIR, *verbe neutre.*

Il prend l'auxiliaire AVOIR.

INDICATIF. Je dors (1), tu dors, il dort, nous dormons, vous dormez, ils dorment. — Je dormois, nous dormions. — Je dormis, nous dormîmes. — J'ai dormi. — J'eus dormi. — J'avois dormi. — Je dormirai, nous dormirons. — J'aurai dormi. — CONDITIONNEL. Je dormirois, nous dormirions. — J'aurois *ou* j'eusse dormi. — IMPÉRATIF. Dors, dormons, dormez. — SUBJONCTIF. Que je dorme. — Que je dormisse. — Que j'aie dormi. — Que j'eusse dormi. — INFINITIF. Dormir. — Avoir dormi. — Dormant. — Dormi, ayant dormi.

Endormir, verbe actif, se conjugue de même.

---

(1) Je ne crois pas nécessaire d'énoncer les différents temps de chaque mode : on est censé les connoître parfaitement.

XVIᵉ. PARTIR, *verbe neutre.*

Il se conjugue comme sortir, et prend de même l'auxiliaire ÊTRE.

INDICATIF. Je pars, tu pars, il part, nous partons, vous partez, ils partent. — Je partois. — Je partis. — Je suis parti. — Je fus parti. — J'étois parti. — Je partirai. — Je serai parti. — CONDITIONNEL. Je partirois. — Je serois *ou* je fusse parti. — IMPÉRATIF. Pars, partons, partez. — SUBJONCTIF. Que je parte. — Que je partisse. — Que je sois parti. — Que je fusse parti. — INFINITIF. Partir. — Être parti. — Partant. — Parti, partie, étant parti.

XVIIᵉ. REPARTIR, verbe neutre, partir de nouveau; il se conjugue absolument comme *partir*, dans tous ses temps.

XVIIIᵉ. REPARTIR, verbe actif; il signifie *répliquer, répondre sur-le-champ;* il se conjugue comme *partir*, dans ses temps simples, et comme *finir*, dans ses temps composés.

XIXᵉ. RÉPARTIR, *verbe actif.*

Il signifie *partager, distribuer.* Il se conjugue dans tous ses temps comme *finir.*

Je répartis, nous répartissons; je répartissois, nous répartissions; j'ai réparti, nous avons réparti. (Voyez *finir.*)

XXᵉ. OUVRIR, *verbe actif.*

INDICATIF. J'ouvre (1), tu ouvres, il ouvre, nous ouvrons, vous ouvrez, ils ouvrent. — J'ouvrois, nous ouvrions. — J'ouvris, nous ouvrîmes. — J'ai ouvert. — J'eus ouvert. — J'avois

______

(1) Ce verbe a, au présent de l'indicatif, la même finale que les verbes de la première conjugaison.

ouvert. — J'ouvrirai. — J'aurai ouvert. — CONDITIONNEL.
J'ouvrirois, nous ouvririons. — J'aurois *ou* j'eusse ouvert. —
IMPÉRATIF. Ouvre, ouvrons, ouvrez. — SUBJONCTIF. Que
j'ouvre, que tu ouvres, qu'il ouvre, que nous ouvrions, que
vous ouvriez, qu'ils ouvrent. — Que j'ouvrisse, que tu ou-
vrisses, qu'il ouvrît, que nous ouvrissions, que vous ouvris-
siez, qu'ils ouvrissent. — Que j'aie ouvert. — Que j'eusse ouvert. — INFINITIF. Ouvrir. — Avoir ouvert. — Ouvrant. —
Ouvert, ouverte, ayant ouvert.

Conjuguez de même les verbes, *couvrir, découvrir,
entr'ouvrir, recouvrir, rouvrir, souffrir, offrir.*

XXIe. CUEILLIR, *verbe actif.*

INDICATIF. Je cueille (1), tu cueilles, il cueille, nous
cueillons, vous cueillez, ils cueillent. — Je cueillois, nous
cueillions, vous cueilliez. — Je cueillis, nous cueillîmes. — J'ai
cueilli. — J'eus cueilli. — J'avois cueilli. — Je cueillerai. —
J'aurai cueilli. — CONDITIONNEL. Je cueillerois, nous cueil-
lerions. — J'aurois *ou* j'eusse cueilli. — IMPÉRATIF, Cueille,
cueillons, cueillez. — SUBJONCTIF. Que je cueille, que tu
cueilles, qu'il cueille, que nous cueillions, que vous cueilliez,
qu'ils cueillent. — Que je cueillisse, que tu cueillisses, qu'il
cueillît, que nous cueillissions, que vous cueillissiez, qu'ils
cueillissent. — Que j'aie cueilli. — Que j'eusse cueilli. — IN-
FINITIF. Cueillir. — Avoir cueilli. — Cueillant. — Cueilli,
cueillie, ayant cueilli.

Conjuguez de même les verbes *accueillir, recueillir, se recueillir.*

XXIIe. SAILLIR, verbe neu-	XXIIIe. SAILLIR, verbe
tre, jaillir avec impétuosité, et	neutre, terme d'architecture. Il
par secousses. Il ne se dit que	se dit d'un balcon, d'une cor-
des choses liquides; et, en ce	niche, et d'autres ornements
sens, il se conjugue comme	d'architecture qui débordent le
finir: Je saillis, tu saillis, il	nu du mur. En ce sens, on le

---

(1) Ce verbe a aussi, au présent de l'indicatif, la même finale que les verbes de la première conjugaison.

saillit, nous saillissons, vous saillissez, ils saillissent. — Je saillissois. — J'ai sailli.—Je saillirai. — Je saillirois, etc. Mais ce verbe n'est d'usage qu'aux troisièmes personnes du singulier et du pluriel.

conjugue ainsi : *Je saille, tu sailles, il saille,* etc.; mais il n'est d'usage qu'à la troisième personne de certains temps, et à l'infinitif. *Ce balcon* SAILLE *trop. Cette corniche* SAILLERA *trop,* SAILLEROIT *trop.* SAILLANT est plutôt adjectif que participe présent.

XXIVᵉ. ASSAILLIR, *verbe actif.*

Ce verbe signifie attaquer vivement.

INDICATIF. J'assaille, tu assailles, il assaille, nous assaillons vous assaillez, ils assaillent. — J'assaillois, nous assaillions. — J'assaillis, nous assaillîmes. — J'ai assailli. — J'eus assailli. — J'avois assailli. — J'assaillirai, nous assaillirons. — J'aurai assailli. — CONDITIONNEL. J'assaillirois, nous assaillirions. — J'aurois *ou* j'eusse assailli. — IMPÉRATIF. Assaille, assaillons, assaillez. — SUBJONCTIF. Que j'assaille, que tu assailles, qu'il assaille, que nous assaillions, que vous assailliez, qu'ils assaillent — Que j'assaillisse, que tu assaillisses, qu'il assaillît, que nous assaillissions, que vous assaillissiez, qu'ils assaillissent. — Que j'aie assailli. — Que j'eusse assailli. — INFINITIF. Assaillir. — Avoir assailli. — Assaillant. — Assailli, assaillie, ayant assailli.

Le verbe neutre *tressaillir* se conjugue de même.

Au présent de l'indicatif, on écrit généralement : *je tressaille, tu tressailles, il tressaille, nous tressaillons, vous tressaillez, ils tressaillent.* Cependant quelques personnes écrivent : *je tressaillis, tu tressaillis, il tressaillit,* etc.

On me dit qu'il y a une lettre, je TRESSAILLE; *je la demande agité d'une mortelle impatience; je la reçois enfin.*   J. J. ROUSSEAU.

Un jeune animal, tranquille habitant des forêts, qui tout-à-coup entend le son éclatant d'un cor, ou le bruit subit et nouveau d'une arme à feu, TRESSAILLIT, *bondit, et fuit par la seule violence de la secousse qu'il vient d'éprouver*   BUFFON.

XXV². JAILLIR, *verbe neutre.*

Il signifie *saillir, sortir avec impétuosité.* Il ne se dit au sens propre que de l'eau, ou de quelque autre chose de fluide; et par conséquent il n'est d'usage qu'aux troisièmes personnes.

Il jaillit. — Il jaillissoit. — Il jaillit. — Il a jailli. — Il eut jailli. — Il avoit jailli. — Il jaillira. — Il jailliroit. — Il auroit *ou* il eût jailli. — Qu'il jaillisse. — Qu'il jaillît. — Qu'il ait jailli. — Qu'il eût jailli.

Le verbe neutre *rejaillir* se conjugue de même.

XXVI². TENIR, *verbe actif.*

INDICATIF. Je tiens, tu tiens, il tient, nous tenons, vous tenez, ils tiennent. — Je tenois, nous tenions. — Je tins, tu tins, il tint, nous tînmes, vous tîntes, ils tinrent. — J'ai tenu. — J'eus tenu. — J'avois tenu. — Je tiendrai, nous tiendrons. — J'aurai tenu. — CONDITIONNEL. Je tiendrois, nous tiendrions. — J'aurois *ou* j'eusse tenu. — IMPÉRATIF. Tiens, tenons, tenez. — SUBJONCTIF. Que je tienne, que tu tiennes, qu'il tienne, que nous tenions, que vous teniez, qu'ils tiennent. — Que je tinsse, que tu tinsses, qu'il tînt, que nous tinssions, que vous tinssiez, qu'ils tinssent. — Que j'aie tenu. — Que j'eusse tenu. — INFINITIF. Tenir. — Avoir tenu. — Tenant. — Tenu, tenue, ayant tenu.

Il faut conjuguer de même les verbes, *abstenir, appartenir, contenir, détenir, entretenir, maintenir, obtenir, retenir, soutenir.*

XXVII². VENIR, *verbe neutre.*
Il prend l'auxiliaire ÊTRE.

INDICATIF. Je viens, tu viens, il vient, nous venons, vous venez, ils viennent. — Je venois, nous venions. — Je vins, tu vins, il vint, nous vînmes, vous vîntes, ils vinrent. — Je suis venu, nous sommes venus. — Je fus venu, nous fûmes venus. — J'étois venu, nous étions venus. — Je viendrai, nous viendrons. — Je serai venu, nous serons venus. — CONDITIONNEL. Je viendrois, nous viendrions. — Je serois *ou* je

fusse venu, nous serions *ou* nous fussions venus. —IMPÉRA-
TIF. Viens, venons, venez. —SUBJONCTIF. Que je vienne,
que tu viennes, qu'il vienne, que nous venions, que vous ve-
niez, qu'ils viennent. — Que je vinsse, que tu vinsses, qu'il
vînt, que nous vinssions, que vous vinssiez, qu'ils vinssent. —
Que je sois venu, que nous soyons venus. — Que je fusse venu; que nous fussions venus. — INFINITIF. Venir. — Être
venu. — Venant. — Venu, venue, Étant venu.

Il faut conjuguer de même les verbes, *devenir,
disconvenir, intervenir, parvenir, redevenir, revenir,* avec l'auxiliaire ÊTRE dans les temps composés.

Mais, *circonvenir,* actif, *prévenir,* actif, et *sub-
venir,* neutre, prennent l'auxiliaire AVOIR.

Contrevenir prend indifféremment *avoir* ou *être.*

Convenir prend *être* quand il signifie *demeurer
d'accord;* mais il prend *avoir* quand il signifie *être
convenable: cette maison nous* A CONVENU, *et nous*
SOMMES CONVENUS *de l'acheter.*

CHAPITRE III.

Verbes irréguliers de la troisième conjugaison.

Ier. CHOIR, *verbe neutre.*

IL ne se dit qu'à l'infinitif, et au participe *chu.* Il
signifie tomber, être porté de haut en bas par son
propre poids, ou par impulsion. *Prenez garde de
vous laisser* CHOIR. *On lui donna un coup qui le fit*
CHOIR. Le participe *chu* prend l'auxiliaire *être.*

Un astrologue un jour se laissa CHOIR
Au fond d'un puits.
LA FONTAINE.

IIe. DÉCHOIR, *verbe neutre.*

Il signifie tomber dans un état moins bon que celui où l'on étoit.

INDICATIF. Je déchois, tu déchois, il déchoit, nous déchoyons, vous déchoyez, ils déchoient. — *(Point d'imparfait.)* — Je déchus, tu déchus, il déchut, nous déchûmes, vous déchûtes, ils déchurent. — Je suis déchu. — Je fus déchu. — J'étois déchu. — Je décherrai. — Je serai déchu. — CONDITIONNEL. Je décherrois.. — Je serois *ou* je fusse déchu. — *(Hors d'usage à l'impératif.)* — Que je déchoie, que tu déchoies, qu'il déchoie, que nous déchoyions, que vous déchoyiez, qu'ils déchoient. — Que je déchusse, qu'il déchût. — Que je sois déchu. — Que je fusse déchu. — INFINITIF. Déchoir. — Être déchu. — *(Point de participe présent.)* — *Participe passé:* Déchu, déchue, étant déchu.

L'âge la fit DÉCHOIR : adieu tous les amants.

La Fontaine.

IIIe. ÉCHOIR, *verbe neutre.*

Il se dit ordinairement des choses qui arrivent par sort ou par cas fortuit.

Au présent de l'indicatif, il n'est d'usage qu'aux troisièmes personnes.

INDICATIF. Il échoit *ou* échet, ils échéent. — *(Point d'imparfait.)* — J'échus, il échut. — Il est échu. — Il fut échu. — Il étoit échu. — Il écherra, ils écherront. — Il sera échu. — CONDITIONNEL. Il écherroit, ils écherroient.—Il seroit *ou* il fût échu. — *(Hors d'usage à l'impératif.)*. — SUBJONCTIF. Qu'il échée, Qu'ils échéent. — Que j'échusse, qu'il échût. — Que je sois échu, qu'il soit échu. — Qu'il fût échu. — INFINITIF. Échoir. — Être échu. — Échéant. — Échu, échue, étant échu.

Ce verbe est très en usage dans les phrases suivantes : *Le premier terme* ÉCHOIT *dans un mois. Le premier paiement doit* ÉCHOIR *après-demain. Ce billet est* ÉCHU. *Cette lettre de change est* ÉCHUE.

La seconde, par droit, me doit ÉCHOIR encor.

Ce second terme ECHU, l'autre lui redemande
Sa maison, sa chambre, son lit.

Voici pourtant un cas où tout l'honneur ÉCHUT
A l'hôte des terriers.

La Fontaine.

IVe. MOUVOIR, *verbe actif.*

Il signifie remuer, faire aller d'un lieu à un autre, faire changer de place.

INDICATIF. Je meus, tu meus, il meut, nous mouvons, vous mouvez, ils meuvent. — Je mouvois, nous mouvions. — Je mus, tu mus, il mut, nous mûmes, vous mûtes, ils murent. — J'ai mu. — J'eus mu. — J'avois mu. — Je mouvrai. — J'aurai mu. — CONDITIONNEL. Je mouvrois, nous mouvrions. — J'aurois *ou* j'eusse mu. — IMPÉRATIF. Meus, mouvons, mouvez. — SUBJONCTIF. Que je meuve, que tu meuves, qu'il meuve, que nous mouvions, que vous mouviez, qu'ils meuvent. — Que je musse, que tu musses, qu'il mût, que nous mussions, que vous mussiez, qu'ils mussent. — Que j'aie mu. — Que j'eusse mu — INFINITIF. Mouvoir. — Avoir mu. — Mouvant. — Mu, mue, ayant mu.

Conjuguez de même *émouvoir, se mouvoir, s'émouvoir.*

V^e. PLEUVOIR, *verbe impersonnel.*

Il pleut. — Il pleuvoit. — Il plut. — Il a plu. — *Quand* il eut plu. — il avoit plu. — Il pleuvra. — *Quand* il aura plu. — Il pleuvroit. — Il auroit *ou* il eût plu. — *(Point d'impératif.)* — Qu'il pleuve. — Qu'il plût. — Qu'il ait plu. — Qu'il eût plu. — Pleuvoir. — plu.

VIe. POUVOIR. *verbe neutre.*

INDICATIF. Je puis *ou* je peux *(ce dernier est moins en usage.)*, tu peux, il peut, nous pouvons, vous pouvez, ils peuvent. — Je pouvois, nous pouvions. — Je pus, tu pus, il put, nous pûmes, vous pûtes, ils purent. — J'ai pu. — J'eus pu. — J'avois pu. — Je pourrai, tu pourras, il pourra, nous pourrons, vous pourrez, ils pourront. — J'aurai pu. — CONDITIONNEL Je pourrois, tu pourrois, il pourroit, nous pourrions, vous pourriez, ils pourroient. — *Hors d'usage à l'impératif* (1). — SUBJONCTIF. Que je puisse, que tu puisses, qu'il puisse, que nous puissions, que vous puissiez, qu'ils puissent. — Que je pusse, que tu pusses, qu'il pût, que nous pussions, que vous pussiez, qu'ils pussent. — Que j'aie pu. — Que j'eusse pu. — INFINITIF. Pouvoir. — Avoir pu. — Pouvant. — Pu, ayant pu.

VIIe. SAVOIR, *verbe actif*.

INDICATIF. Je sais, tu sais, il sait, nous savons, vous savez, ils savent. — Je savois, nous savions. — Je sus, tu sus, il sut, nous sûmes, vous sûtes, ils surent. — J'ai su. — J'eus su. — J'avois su. — Je saurai. — J'aurai su. — CONDITIONNEL. — Je saurois, nous saurions. — J'aurois *ou* j'eusse su. — IMPÉRATIF. Sache, sachons, sachez. — SUBJONCTIF. Que je sache, que tu saches, qu'il sache, que nous sachions, que vous sachiez, qu'ils sachent. — Que je susse, que tu susses, qu'il sût, que nous sussions, que vous sussiez, qu'ils sussent. — Que j'aie su. — Que j'eusse su. — INFINITIF. Savoir. — Avoir su. — Sachant. — Su, sue, ayant su.

VIIIe. SEOIR, *verbe neutre*.

Il signifie être convenable à la personne, à la condition, au lieu, etc. Dans ce sens, il est sans *participe passé*, et par conséquent sans temps composés. Il ne s'emploie qu'aux troisièmes personnes de quelques temps: *Il sied, ils siéent. — Il seyoit. — Il siéra. — Il siéroit. — Il faut voir si cela vous* SIED *ou ne vous* SIED *pas. Cela vous* SIED *à merveille. Les couleurs trop voyantes ne vous* SIÉRONT *pas. La coiffure que cette dame portoit lui* SEYOIT *mal.*

On l'emploie aussi impersonnellement. *Il vous* SIED *bien de reprendre les autres. Il* SIED *mal à un homme en place d'être léger dans ses discours.*

Il y a des personnes à qui les défauts SIÉENT, *et d'autres qui sont disgraciées par leurs bonnes qualités.*

La Rochefoucauld.

---

(1) M. Gueroult dit que *pouvoir*, qui fait au présent de l'indicatif, *je puis* ou *je peux*, fait à l'impératif, *puisses-tu, puissiez-vous*. Je ne crois pas du tout que ces locutions, *puisses-tu, puissiez-vous*, soient des impératifs; ce sont des phrases elliptiques qui signifient, *je souhaite que tu puisses, je souhaite que vous puissiez*: ce qui prouve que *puisses-tu* et *puissiez-vous* sont au subjonctif, et non à l'impératif. Une autre preuve, c'est que l'impératif n'a point de première personne au singulier, et que *puisses-tu* a pour première personne *puissé-je*.

SEOIR, signifie aussi *être assis, être situé*. Dans ce sens, il n'est plus en usage qu'à ses participes, *séant* et *sis*, qu'on emploie adjectivement. *Le roi* SÉANT *en son lit de justice; la cour de justice* SÉANTE *à Paris; une maison* SISE *rue Saint-Honoré.*

IXᵉ. ASSEOIR, *verbe actif.*

Il signifie mettre dans un siége, ou poser sur un piédestal, etc.

Il se conjugue comme le verbe réfléchi *s'asseoir*, dont je donne la conjugaison ci-après. *Voyez ce verbe.*

Xᵉ. S'ASSEOIR, *verbe réfléchi.*

INDICATIF. PRÉSENT. Je m'assieds, tu t'assieds, il *ou* elle s'assied, nous nous asseyons, vous vous asseyez, ils *ou* elles s'asseient. — IMPARFAIT. Je m'asseyois, tu t'asseyois, il *ou* elle s'asseyoit, nous nous *asseyions*, vous vous *asseyiez*, ils *ou* elles s'asseyoient. — PARFAIT DÉFINI. Je m'assis, tu t'assis, il *ou* elle s'assit, nous nous assîmes, vous vous assîtes, ils *ou* elles s'assirent. — PARFAIT INDÉFINI. Je me suis *assis*, nous nous sommes *assis*, pour le masculin; je me suis *assise*, nous nous sommes *assises*, pour le féminin. — PARFAIT ANTÉRIEUR. *Quand* je me fus assis. — PLUS-QUE-PARFAIT. Je m'étois assis. — FUTUR. Je m'assiérai (1), tu t'assiéras, il *ou* elle s'assiéra, nous nous assiérons, vous vous assiérez, ils *ou* elles s'assiéront. — FUTUR ANTÉRIEUR. *Quand* je me serai assis. — CONDITIONNEL. Je m'assiérois, tu t'assiérois, il *ou* elle s'assiéroit, nous nous assiérions, vous vous assiériez, ils *ou* elles s'assiéroient. — Je me serois *ou* je me fusse assis. — IMPÉRATIF. Assieds-toi, asseyons-nous, asseyez-vous. — SUBJONCTIF, PRÉSENT. Que je m'asseie, que tu t'asseies, qu'il s'asseie, que nous nous *asseyions*, que vous vous *asseyiez*, qu'ils s'asseient. — IMPARFAIT. Que je m'assisse, que tu t'assisses, qu'il s'assît, que nous nous assissions, que vous vous assissiez, qu'ils s'assissent. — PARFAIT. Que je me sois assis. — PLUS-QUE-PARFAIT. Que je me fusse assis. — INFINITIF. PRÉSENT. S'asseoir. — PARFAIT. S'être assis. —

(1) Ce verbe fait encore au futur et au conditionnel, *je m'asseierai, je m'asseierois;* mais le premier est le plus en usage.

(97)

PARTICIPE PRÉSENT. S'asseyant. — PARTICIPE PASSÉ. Assis, *pour le masculin;* assise, *pour le féminin;* s'étant assis, *ou* s'étant assise.

Conjuguez de même les verbes, *asseoir, rasseoir, et se rasseoir.*

XIᵉ. SURSEOIR, *verbe actif.*

Il signifie suspendre, remettre, différer. Il ne se dit que des affaires, des procédures.

Je sursois, tu sursois, il sursoit, nous sursoyons, vous sursoyez, ils sursoient. — Je sursoyois. — Je sursis. — Je surseoirai.— Je surseoirois. — Que je sursoie, que nous *sursoyions.*— Que je sursisse. — PARTICIPE. Sursoyant, sursis, sursise.

Sursis, participe de *surseoir,* se prend quelquefois substantivement en terme de palais, et signifie *délai: ordonner un* SURSIS; *obtenir un* SURSIS.

XIIᵉ. VALOIR, *verbe neutre.*

INDICATIF. Je vaux, tu vaux, il vaut, nous valons, vous valez, ils valent. — Je valois, nous valions. — Je valus, nous valûmes.— J'ai valu.— J'eus valu.— J'avois valu.—Je vaudrai, nous vaudrons. — J'aurai valu. — CONDITIONNEL. Je vaudrois, nous vaudrions. — J'aurois *ou* j'eusse valu. — IMPÉRATIF. Vaux, valons, valez. (*L'impératif de ce verbe est peu en usage.*) — SUBJONCTIF. Que je vaille, que tu vailles, qu'il vaille, que nous valions, que vous valiez, qu'ils vaillent. — Que je valusse, que tu valusses, qu'il valût, que nous valussions, que vous valussiez, qu'ils valussent. — Que j'aie valu. —Que j'eusse valu. — INFINITIF. Valoir. — Avoir valu. — Valant. — Valu, ayant valu.

Conjuguez de même le verbe *prévaloir:* mais celui-ci fait au présent du subjonctif, que je *prévale,* que tu *prévales,* qu'il *prévale,* que nous *prévalions,* que vous *prévaliez,* qu'ils *prévalent.*

XIIIᵉ. VOIR, *verbe actif.*

INDICATIF. Je vois, tu vois, il voit, nous voyons, vous voyez, ils voient. — Je voyois, tu voyois, il voyoit; nous

5

voyions, vous *voyiez*, ils voyoient. — Je vis, tu vis, il vit, nous vîmes, vous vîtes, ils virent. — J'ai vu. — J'eus vu. — J'avois vu. — Je *verrai*, tu *verras*, il *verra*, nous *verrons*, vous *verrez*, ils *verront*. — J'aurai vu. — CONDITIONNEL. Je *verrois*, nous *verrions*. — J'aurois *ou* j'eusse vu. — IMPÉRATIF. Vois, voyons, voyez. — SUBJONCTIF. Que je voie, que tu voies, qu'il voie, que nous *voyions*, que vous *voyiez*, qu'ils voient. — Que je visse, que tu visses, qu'il vît, que nous vissions, que vous vissiez, qu'ils vissent. — Que j'aie vu. — Que j'eusse vu. — INFINITIF. Voir. — Avoir vu — Voyant. — Vu, vue, ayant vu.

Conjuguez de même les verbes *revoir* et *entrevoir*.

Prévoir se conjugue comme *voir*, excepté au futur et au conditionnel, où il fait : je *prévoirai*, tu *prévoiras*, il *prévoira*, nous *prévoirons*, vous *prévoirez*, ils *prévoiront*. — Je *prévoirois*, nous *prévoirions*.

Pourvoir se conjugue aussi comme *voir*, excepté dans les temps suivants :

1º. PARFAIT DÉFINI. Je pourvus, tu pourvus, il pourvut, nous pourvûmes, vous pourvûtes, ils pourvurent.

2º. FUTUR. Je pourvoirai, tu pourvoiras, il pourvoira, nous pourvoirons, vous pourvoirez, ils pourvoiront.

3º. CONDITIONNEL. PRÉSENT. Je pourvoirois, tu pourvoirois, il pourvoiroit, nous pourvoirions, vous pourvoiriez, ils pourvoiroient.

4º. SUBJONCTIF. IMPARFAIT. Que je pourvusse, que tu pourvusses, qu'il pourvût, que nous pourvussions, que vous pourvussiez, qu'ils pourvussent.

XIVe. VOULOIR, *verbe actif*.

INDICATIF. Je veux, tu veux, il veut, nous voulons, vous voulez, ils veulent. — Je voulois, nous voulions. — Je voulus, nous voulûmes. — J'ai voulu. — J'eus voulu. — J'avois voulu. — Je voudrai, nous voudrons. — J'aurai voulu. — CONDITIONNEL. Je voudrois, nous voudrions. — J'aurois *ou* j'eusse voulu. — IMPÉRATIF. Veuille, veuillez. — SUBJONCTIF. — Que je veuille, que tu veuilles, qu'il veuille, que nous voulions, que vous vouliez, qu'ils veuillent. — Que je voulusse, Que tu voulusses, qu'il voulût, que nous voulussions, que vous voulussiez, qu'ils voulussent. — Que j'aie voulu. — Que j'eusse voulu. — INFINITIF. Vouloir. — Avoir voulu. — Voulant. — Voulu, voulue, ayant voulu.

CHAPITRE IV.

Verbes irréguliers de la quatrième conjugaison.

Iᵉʳ. PLAIRE, *verbe neutre.*

INDICATIF. Je plais, tu plais, il plaît, nous plaisons, vous plaisez, ils plaisent — Je plaisois, nous plaisions. — Je plus, nous plûmes. — J'ai plu. — J'eus plu. — J'avois plu. — Je plairai. — J'aurai plu. — CONDITIONNEL. Je plairois, nous plairions. — J'aurois *ou* j'eusse plu. — IMPÉRATIF. Plais, plaisons, plaisez. — SUBJONCTIF. Que je plaise, que tu plaises, qu'il plaise, que nous plaisions, que vous plaisiez, qu'ils plaisent. — Que je plusse, que tu plusses, qu'il plût, que nous plussions, que vous plussiez, qu'ils plussent. — Que j'aie plu. — Que j'eusse plu. — INFINITIF. Plaire. — Avoir plu. — Plaisant. — Plu, ayant plu.

Complaire et *déplaire* se conjuguent de même.

IIᵉ. BRAIRE, *verbe neutre.*

Il ne s'emploie guère qu'à l'infinitif; aux troisièmes personnes du présent de l'indicatif, *il brait, ils braient;* et aux troisièmes personnes du futur et du conditionnel, *il braira, ils brairont; il brairoit, ils brairoient.* Les autres temps sont peu d'usage. Il ne se dit que pour signifier le cri de l'âne. *Le propre de l'âne est de* BRAIRE.

IIIᵉ. FAIRE, *verbe actif.*

INDICATIF. Je fais, tu fais, il fait, nous faisons (1), vous *faites*, ils font. — Je faisois (2), tu faisois, il faisoit, nous faisions, vous faisiez, ils faisoient. — Je fis, tu fis, il fit, nous

---

(1) Prononcez, nous *fesons.*
(2) Prononcez, je *fesois,* tu *fesois,* il *fesoit,* nous *fesions,* vous *fesiez,* ils *fesoient.*

fîmes, vous fîtes, ils firent. — J'ai fait. — J'eus fait. — J'avois fait. — Je ferai, nous ferons. — J'aurai fait. — CONDITIONNEL. Je ferois, nous ferions. — J'aurois *ou* j'eusse fait. — IMPÉRATIF. Fais, faisons (1), *faites.* — SUBJONCTIF. Que je fasse, que tu fasses, qu'il fasse, que nous fassions, que vous fassiez, qu'ils fassent. — Que je fisse, que tu fisses, qu'il fît, que nous fissions, que vous fissiez, qu'ils fissent. — Que j'aie fait. — Que j'eusse fait. — INFINITIF. Faire. — Avoir fait. — Faisant (2). — fait, faite, ayant fait.

Conjuguez de même les verbes, *contrefaire, défaire, forfaire, méfaire, refaire, surfaire, satisfaire. Forfaire* et *méfaire* sont peu en usage.

IVᵉ. TRAIRE, *verbe actif défectif.*

INDICATIF. Je trais, tu trais, il trait, nous trayons, vous trayez, ils traient. — Je trayois, tu trayois, il trayoit, nous *trayions*, vous *trayiez*, ils trayoient. — *(Point de parfait défini.)* — J'ai trait. — J'eus trait. — J'avois trait. — Je trairai, nous trairons. — J'aurai trait. — CONDITIONNEL. Je trairois, nous trairions. — J'aurois *ou* j'eusse trait. — IMPÉRATIF. Trais, trayons, trayez. — SUBJONCTIF. Que je traie, que tu traies, qu'il traie, que nous *trayions*, que vous *trayiez*, qu'ils traient. — *(Point d'imparfait, parce qu'il n'y a point de parfait défini. Voyez Iʳᵉ Partie, page* 44*).* — Que j'aie trait. — Que j'eusse trait. — INFINITIF. Traire. — Avoir trait. — Trayant. — Trait, traite, ayant trait.

Abstraire, attraire, distraire, extraire, retraire, soustraire, se conjuguent de même, et sont sans *parfait défini*, et sans *imparfait* au *subjonctif.*

Vᵉ. CONNOITRE, *verbe actif.*

INDICATIF. Je connois, tu connois, il connoît, nous connoissons, vous connoissez, ils connoissent. — Je connoissois, nous connoissions. — Je connus, tu connus, il connut, nous connûmes, vous connûtes, ils connurent. — J'ai connu. — J'eus connu. — J'avois connu. — Je connoîtrai, nous connoîtrons. — J'aurai connu. — CONDITIONNEL. Je connoîtrois, nous connoîtrions. — J'aurois *ou* j'eusse connu. — IMPÉRATIF.

---

(1) Prononcez, *fesons.*
(2) Prononcez, *fesant.*

Connois, connoissons, connoissez. — SUBJONCTIF. Que je connoisse, que tu connoisses, qu'il connoisse, que nous connoissions, que vous connoissiez, qu'ils connoissent. — Que je connusse, que tu connusses, qu'il connût, que nous connussions, que vous connussiez, qu'ils connussent. — Que j'aie connu. — Que j'eusse connu. — INFINITIF. Connoître. — Avoir connu. — Connoissant. — Connu, connue, ayant connu.

Conjuguez de même les verbes, *reconnoître, méconnoître, paroître, apparoître, disparoître, comparoître, reparoître, accroître, croître, décroître,* et *recroître.*

Paroître et *reparoître* prennent toujours l'auxiliaire *avoir* dans leurs temps composés ; mais *apparoître, disparoître, comparoître, croître, décroître, accroître,* et *recroître,* prennent indifféremment *avoir* ou *être* dans leurs temps composés.

VIe. NAITRE, *verbe neutre.*

Il se conjugue avec le verbe ÊTRE.

INDICATIF. Je nais, tu nais, il naît, nous naissons, vous naissez, ils naissent. — Je naissois, nous naissions. — Je naquis, tu naquis, il naquit, nous naquîmes, vous naquîtes, ils naquirent. — Je suis né, nous sommes nés. — Je fus né, nous fûmes nés. — J'étois né, nous étions nés. (Au féminin, *née, nées.*) — Je naîtrai, nous naîtrons. — Je serai né. — CONDITIONNEL. Je naîtrois, nous naîtrions. — Je serois *ou* je fusse né. — IMPÉRATIF. Nais, naissons, naissez. — SUBJONCTIF. Que je naisse, que tu naisses, qu'il naisse, que nous naissions, que vous naissiez, qu'ils naissent. — Que je naquisse, que tu naquisses, qu'il naquît, que nous naquissions, que vous naquissiez, qu'ils naquissent. — Que je sois né. — Que je fusse né. — INFINITIF. Naître. — Être né *ou* née. — Naissant. — Né, née, étant né.

Renaître se conjugue de même.

VIIe. PAITRE *et* REPAITRE.

Ces deux verbes sont réguliers, mais défectifs. Ils n'ont ni le *parfait défini,* ni *l'imparfait du subjonctif.*

Les temps composés ne sont d'usage qu'en termes de fauconnerie: *il a pu et repu.*

Ces verbes sont actifs ou neutres, selon qu'ils sont employés avec ou sans régime.

Je pais , tu pais , il paît, nous paissons, vous paissez , ils paissent. — Il paissoit. — Il paîtra. — Il paîtroit. — Qu'il paisse, qu'ils paissent.

Il se dit proprement des bestiaux qui broutent l'herbe , qui la mangent sur la racine.

VIIIe. RÉDUIRE , *verbe actif.*

INDICATIF. Je réduis, tu réduis, il réduit, nous réduisons, vous réduisez, ils réduisent. — Je réduisois, nous réduisions. — Je réduisis, nous réduisîmes. — J'ai réduit. — J'eus réduit. — J'avois réduit. — Je réduirai, nous réduirons. — J'aurai réduit. — CONDITIONNEL. Je réduirois, nous réduirions. — J'aurois *ou* j'eusse réduit. — IMPÉRATIF. Réduis, réduisons, réduisez — SUBJONCTIF. Que je réduise, que tu réduises, qu'il réduise, que nous réduisions, que vous réduisiez, qu'ils réduisent. — Que je réduisisse, que tu réduisisses, qu'il réduisît, que nous réduisissions, que vous réduisissiez, qu'ils réduisissent. — Que j'aie réduit. — Que j'eusse réduit. — INFINITIF. Réduire. — Avoir réduit. — Réduisant. — Réduit, réduite, ayant réduit.

Conjuguez de même les verbes, *conduire, éconduire, enduire, déduire, induire, introduire, reconduire, séduire, traduire, détruire, instruire, construire, produire, reproduire.*

IXe. BRUIRE. *verbe neutre.*

Il n'est d'usage qu'à l'infinitif, et aux troisièmes personnes de l'imparfait de l'indicatif. Dans les autres temps, on dit *faire du bruit. On entend* BRUIRE *les vagues , le vent , le tonnerre. Les flots* BRUYOIENT.

Ce verbe n'a point de participe passé, et par conséquent point de temps composés. Le participe présent *bruyant,* n'est souvent qu'un adjectif: *flots bruyants; trompettes bruyantes; voix bruyante.*

X°. CIRCONCIRE, *verbe actif.*

Ce verbe est hors d'usage au participe présent, et à l'imparfait de l'indicatif.

INDICATIF. Je circoncis, tu circoncis, il circoncit, nous circoncisons, vous circoncisez, ils circoncisent. — Je circoncis, nous circoncîmes. — Je circoncirai. — Je circoncirois. — Que je circoncise. — Que je circoncisse. — PARTICIPE PASSÉ. Circoncis, circoncise.

XI°. LUIRE, *verbe neutre.*

Il signifie, *éclairer, jeter, répandre de la lumière.*

INDICATIF Je luis, tu luis, il luit, nous luisons, vous luisez, ils luisent. — Je luisois, nous luisions. — *(Point de parfait défini.)* — J'ai lui. — J'eus lui. — J'avois lui. — Je luirai. — J'aurai lui. — CONDITIONNEL. — Je luirois. — J'aurois *ou* j'eusse lui. — IMPÉRATIF. Luis, luisons, luisez. — SUBJONCTIF. Que je luise, que tu luises, qu'il luise, que nous luisions, que vous luisiez, qu'ils luisent. — *(Point d'imparfait, parce qu'il n'y a point de parfait défini.)* — Que j'aie lui. — Que j'eusse lui. — INFINITIF. Luire. — Avoir lui. — Luisant. — Lui, ayant lui.

Reluire se conjugue de même.

XII°. NUIRE, *verbe neutre.*

INDICATIF. Je nuis, tu nuis, il nuit, nous nuisons, vous nuisez, ils nuisent. — Je nuisois. — Je nuisis, nous nuisîmes. — J'ai nui. — J'eus nui. — J'avois nui. — Je nuirai. — J'aurai nui. — CONDITIONNEL. Je nuirois. — J'aurois *ou* j'eusse nui. — IMPÉRATIF. Nuis, nuisons, nuisez. — SUBJONCTIF. Que je nuise, que nous nuisions. — Que je nuisisse, que tu nuisisses, qu'il nuisît, que nous nuisissions, que vous nuisissiez, qu'ils nuisissent. — Que j'aie nui. — Que j'eusse nui. — INFINITIF. Nuire. — Avoir nui. — Nuisant. — Nui, ayant nui.

XIII°. CONFIRE, *verbe actif.*

INDICATIF. Je confis, tu confis, il confit, nous confisons, vous confisez, ils confisent. — Je confisois, nous confisions. — Je confis, nous confîmes. — J'ai confit. — J'eus confit. —

J'avois confit. — Je confirai. — J'aurai confit. — CONDITION-
NEL. Je confirois, nous confirions. — J'aurois *ou* j'eusse confit. — IMPÉRATIF. Confis, confisons, confisez. — SUBJONC-
TIF. Que je confise, que nous confisions. — Que je confisse,
que tu confisses, qu'il confît, que nous confissions, que vous
confissiez, qu'ils confissent. — Que j'aie confit. — Que j'eusse
confit. — INFINITIF. Confire. — Avoir confit. — Confisant.
— Confit, confite, ayant confit.

XIVᵉ. CROIRE, *verbe actif.*

INDICATIF. Je crois, tu crois, il croit, nous croyons, vous
croyez, ils croient. — Je croyois, tu croyois, il croyoit, nous
croyions, vous *croyiez*, ils croyoient. — Je crus, nous crûmes.
— J'ai cru. — J'eus cru. — J'avois cru. — Je croirai. — J'aurai
cru. — CONDITIONNEL. Je croirois. — J'aurois *ou* j'eusse
cru. — IMPÉRATIF. Crois, croyons, croyez. — SUBJONCTIF.
Que je croie, que tu croies, qu'il croie, que nous *croyions*,
que vous *croyiez*, qu'ils croient. — Que je crusse, que tu
crusses, qu'il crût, que nous crussions, que vous crussiez,
qu'ils crussent. — Que j'aie cru. — Que j'eusse cru. — INFINI-
TIF. Croire. — Avoir cru. — Croyant. — Cru, crue, ayant cru.

XVᵉ. DIRE, *verbe actif.*

INDICATIF. Je dis, tu dis, il dit, nous disons, vous *dites*,
ils disent. — Je disois, nous disions. — Je dis, tu dis, il dit,
nous dîmes, vous dîtes, ils dirent. — J'ai dit. — J'eus dit. —
J'avois dit. — Je dirai. — J'aurai dit. — CONDITIONNEL. Je
dirois, nous dirions. — J'aurois *ou* j'eusse dit. — IMPÉRA-
TIF. Dis, disons, *dites*. — SUBJONCTIF. Que je dise, que
nous disions. — Que je disse, que tu disses, qu'il dît, que
nous dissions, que vous dissiez, qu'ils dissent. — Que j'aie dit.
— Que j'eusse dit. — INFINITIF. Dire. — Avoir dit. — Di-
sant. — Dit, dite, ayant dit.

Redire se conjugue de même. Mais les autres composés, *dédire, contredire, interdire, médire* et *pré-
dire*, forment régulièrement la seconde personne plurielle du présent de l'indicatif. On dit, vous *dites* et
vous *redites*; mais on dit, vous *dédisez*, vous *contre-
disez*, vous *interdisez*, vous *médisez*, vous *prédisez*.
La même chose a lieu pour la seconde personne plurielle de l'impératif. Le reste se conjugue comme *dire*.

XVIᵉ. MAUDIRE, *verbe actif.*

Ce verbe n'est irrégulier que parce qu'il appartient à la quatrième conjugaison. Il se conjugue comme *finir,* excepté au participe passé, où il fait *maudit, maudite.* *(Voyez Finir.)*

XVIIᵉ. ÉCRIRE, *verbe actif.*

INDICATIF. J'écris, tu écris, il écrit, nous écrivons, vous écrivez, ils écrivent. — J'écrivois. — J'écrivis, nous écrivîmes. — J'ai écrit. — J'eus écrit. — J'avois écrit. — J'écrirai. — J'aurai écrit. — CONDITIONNEL. J'écrirois. — J'aurois *ou* j'eusse écrit. — IMPÉRATIF. Écris, écrivons, écrivez. — SUBJONCTIF. Que j'écrive, que nous écrivions. — Que j'écrivisse, que tu écrivisses, qu'il écrivît, que nous écrivissions, que vous écrivissiez, qu'ils écrivissent. — Que j'aie écrit. — Que j'eusse écrit. — INFINITIF. Écrire. — Avoir écrit. — Écrivant. — Écrit, écrite, ayant écrit.

Conjuguez de même les verbes, *circonscrire, décrire, prescrire, proscrire, récrire, souscrire, transcrire.*

XVIIIᵉ. FRIRE, *verbe actif.*

Ce verbe n'a, à l'infinitif, que le présent, *frire,* et le participe passé, *frit;* à l'indicatif, il n'a que les trois personnes singulières du présent, *je fris, tu fris, il frit;* le futur, *je frirai.* Au conditionnel, *je frirois;* à l'impératif, il n'a que la seconde personne du singulier, *fris.* Pour suppléer aux temps qui manquent, on se sert du verbe *faire* et de l'infinitif *frire;* comme, nous *faisons frire,* vous *faites frire,* ils *font frire.* — Je *faisois frire.* — Je *fis frire.* — Que je *fasse frire.* — Que je *fisse frire.* — *Faisant frire.*

Ayant le participe passé, *frit,* il a tous les temps composés : *J'ai frit.* — *J'eus frit.* — *J'avois frit.* — *J'aurai frit.* — *J'aurois frit.* — *Que j'aie frit.* — *Que j'eusse frit.* — *Avoir frit.* — *Ayant frit.*

XIXe. LIRE, *verbe actif.*

INDICATIF. Je lis, tu lis, il lit, nous lisons, vous lisez, ils lisent. — Je lisois, nous lisions. — Je lus, nous lûmes. — J'ai lu. — J'eus lu. — J'avois lu. — Je lirai, nous lirons. — J'aurai lu. — **CONDITIONNEL.** Je lirois, nous lirions. — J'aurois *ou* j'eusse lu. — **IMPÉRATIF.** Lis, lisons, lisez. — **SUBJONCTIF.** Que je lise, que tu lises, qu'il lise, que nous lisions, que vous lisiez, qu'ils lisent. — Que je lusse, que tu lusses, qu'il lût, que nous lussions, que vous lussiez, qu'ils lussent. — Que j'aie lu. — Que j'eusse lu. — INFINITIF, Lire. — Avoir lu. — Lisant. — Lu, lue, ayant lu.

Élire et *relire* se conjuguent de même.

XXe. RIRE, *verbe neutre.*

INDICATIF. Je ris, tu ris, il rit, nous rions, vous riez, ils rient. — Je riois, tu riois, il rioit, nous *riions*, vous *riiez*, ils rioient. — Je ris, tu ris, il rit, nous rîmes, vous rîtes, ils rirent. — J'ai ri. — J'eus ri. — J'avois ri. — Je rirai, nous rirons. — J'aurai ri. — **CONDITIONNEL.** Je rirois, nous ririons. — J'aurois *ou* j'eusse ri. — **IMPÉRATIF.** Ris, rions, riez. — **SUBJONCTIF.** Que je rie, que tu ries, qu'il rie, que nous *riions*, que vous *riiez*, qu'ils rient Que je risse, que tu risses, qu'il rît, que nous rissions, que vous rissiez, qu'ils rissent. — Que j'aie ri. — Que j'eusse ri. — INFINITIF. Rire. — Avoir ri. — Riant. — Ri, ayant ri.

Sourire, verbe neutre, se conjugue de même.

XXIe. SUFFIRE, *verbe neutre.*

INDICATIF. Je suffis, tu suffis, il suffit, nous suffisons, vous suffisez, ils suffisent. — Je suffisois, nous suffisions. — Je suffis, nous suffîmes. — J'ai suffi. — J'eus suffi. — J'avois suffi. — Je suffirai. — J'aurai suffi. — **CONDITIONNEL.** Je suffirois, nous suffirions. — J'aurois *ou* j'eusse suffi. — **IMPÉRATIF.** Suffis, suffisons, suffisez. — **SUBJONCTIF.** Que je suffise, que nous suffisions. — Que je suffisse, que nous suffissions. — Que j'aie suffi. — Que j'eusse suffi. — INFINITIF. Suffire. — Avoir suffi. — Suffisant. — Suffi, ayant suffi.

XXIIe. BOIRE, *verbe actif.*

INDICATIF. Je bois, tu bois, il boit, nous buvons, vous

buvez, ils boivent. — Je buvois, nous buvions.— Je bus, nous bûmes. — J'ai bu — J'eus bu. — J'avois bu. — Je boirai.— J'aurai bu. — CONDITIONNEL. Je boirois. — J'aurois *ou* j'eusse bu. — IMPÉRATIF. Bois, buvons, buvez — SUBJONCTIF. Que je boive, que tu boives, qu'il boive, que nous buvions, que vous buviez, qu'ils boivent. — Que je busse, que tu busses, qu'il bût, que nous bussions, que vous bussiez, qu'ils bussent. — Que j'aie bu. — Que j'eusse bu. — INFINITIF. Boire. — Avoir bu. — Buvant. — Bu, bue, ayant bu.

XXIIIe. CLORE, *verbe actif* (1).

INDICATIF. Je clos, tu clos, il clôt. *(Point de pluriel au présent de l'indicatif.)* — *(Point d'imparfait.)* — *(Point de parfait défini.)* — J'ai clos. — J'eus clos. — J'avois clos. — Je clôrai. — J'aurai clos. — CONDITIONNEL. Je clôrois. — J'aurois *ou* j'eusse clos. — IMPÉRATIF. Clos. *(Point d'autres personnes à ce mode.)* — SUBJONCTIF. *(Point de présent.)* — *(Point d'imparfait.)* — Que j'aie clos. — Que j'eusse clos. — INFINITIF. Clore.—Avoir clos. — *(Point de participe présent.)* PARTICIPE PASSÉ. Clos, close, ayant clos.

Enclore se conjugue de même.

XXIVe. ÉCLORE, *verbe neutre.*

Ce verbe n'est d'usage qu'aux troisièmes personnes des temps suivants : .

INDICATIF. Il éclôt, ils éclosent. — *(Point d'imparfait ni de parfait défini.)* — Il est éclos *ou* elle est éclose, ils sont éclos *ou* elles sont écloses. — *Quand* il fut éclos *ou* elle fut éclose. — Il étoit éclos *ou* elle étoit éclose. — Il éclôra, ils éclôront.— *Quand* il sera éclos *ou* elle sera éclose. — CONDITIONNEL. Il éclôroit, ils éclôroient. — Il seroit éclos *ou* elle seroit éclose.— *(Hors d'usage à l'impératif.)* — SUBJONCTIF. Qu'il éclose, qu'ils éclosent. — *(Point d'imparfait.)* — Qu'il soit éclos, qu'elle soit éclose. — Qu'il fût éclos, qu'elle fût éclose. — INFINITIF. Éclore.— Être éclos *ou* éclose. — *(Point de participe présent.)* — PARTICIPE PASSÉ. Éclos, éclose, étant éclos.

XXVe. CONCLURE, *verbe actif.*

INDICATIF. Je conclus, tu conclus, il conclut, nous concluons, vous concluez, ils concluent. — Je concluois, nous

---

(1) On écrit indifféremment, *clore* ou *clorre.*

concluïons, vous concluïez. — Je conclus, nous conclûmes. — J'ai conclu. — J'eus conclu. — J'avois conclu. — Je conclurai. — J'aurai conclu. — CONDITIONNEL. Je conclurois. — J'aurois *ou* j'eusse conclu. — IMPÉRATIF. Conclus, concluons, concluez. — SUBJONCTIF. Que je conclue, que tu conclues, qu'il conclue, que nous concluïons, que vous concluïez, qu'ils concluent. — Que je conclusse, que nous conclussions. — Que j'aie conclu. — Que j'eusse conclu. — INFINITIF. Conclure. — Avoir conclu. — Concluant. — Conclu, conclue, ayant conclu.

Exclure se conjugue comme *conclure*; mais il a deux participes passés : *exclu, exclue; exclus, excluse*. On les emploie indifféremment.

XXVIe. PLAINDRE, *verbe actif.*

INDICATIF. Je plains, tu plains, il plaint, nous plaignons, vous plaignez, ils plaignent. — Je plaignois, nous plaignions. — Je plaignis, nous plaignîmes. — J'ai plaint. — J'eus plaint. — J'avois plaint. — Je plaindrai. — J'aurai plaint. — CONDITIONNEL. Je plaindrois, nous plaindrions. — J'aurois *ou* j'eusse plaint. — IMPÉRATIF. Plains, plaignons, plaignez. — SUBJONCTIF. Que je plaigne, que nous plaignions. — Que je plaignisse. — Que j'aie plaint. — Que j'eusse plaint. — INFINITIF. Plaindre. — Avoir plaint. — Plaignant. — Plaint, plainte, ayant plaint.

Conjuguez de même les verbes suivants : *Craindre, contraindre, astreindre, atteindre, ceindre, déteindre, empreindre, enceindre, enfreindre, peindre, dépeindre, repeindre, restreindre, teindre, joindre, conjoindre, rejoindre, disjoindre, déjoindre, enjoindre.*

XXVIIe. ABSOUDRE, *verbe actif.*

INDICATIF. J'absous, tu absous, il absout, nous absolvons, vous absolvez, ils absolvent. — J'absolvois, nous absolvions. — (*Point de parfait défini.*) — J'ai absous. — J'eus absous. — J'avois absous. — J'absoudrai. — J'aurai absous. — CONDITIONNEL. J'absoudrois, nous absoudrions. — J'aurois *ou* j'eusse absous. — IMPÉRATIF. Absous, absolvons, absolvez. — SUBJONCTIF. Que j'absolve, que tu absolves, qu'il absolve, que nous absolvions, que vous absolviez, qu'ils absolvent. — (*Point d'imparfait, parce qu'il n'y a point de parfait défini.*)

(109)

— Que j'aie absous. — Que j'eusse absous. — INFINITIF. Absoudre. — Avoir absous. — Absolvant. — Absous, absoute,
ayant absous.

La plus grande irrégularité de ce verbe est au participe passé, qui fait au masculin *absous*, et au féminin *absoute* ; mais il fait aussi au masculin *absout*.

Dissoudre se conjugue de même.

Résoudre se conjugue comme *absoudre* ; mais il
a le parfait défini, *je résolus, nous résolûmes* ; et l'imparfait du subjonctif, *que je résolusse*. Il a aussi deux
participes passés : *résolu*, quand il signifie *décidé* ; et
résous, quand il signifie *réduit :* mais dans ce dernier
sens, le participe n'a point de féminin.

XXVIIIe. COUDRE, *verbe actif.*

INDICATIF. Je couds, tu couds, il coud, nous cousons,
vous cousez, ils cousent. — Je cousois, nous cousions. — Je
cousis, nous cousîmes. — J'ai cousu. — J'eus cousu. — J'avois
cousu. — Je coudrai, nous coudrons. — J'aurai cousu. —
CONDITIONNEL. Je coudrois, nous coudrions. — J'aurois *ou*
j'eusse cousu. — IMPÉRATIF. Couds, cousons, cousez. —
SUBJONCTIF. Que je couse, que nous cousions. — Que je
cousisse, que nous cousissions. — Que j'aie cousu. — Que
j'eusse cousu. — INFINITIF. Coudre. — Avoir cousu. — Cou-
sant. — Cousu, cousue, ayant cousu.

Découdre et *recoudre* se conjuguent de même.

XXIXe. METTRE, *verbe actif.*

INDICATIF. Je mets, tu mets, il met, nous mettons, vous
mettez, ils mettent. — Je mettois, nous mettions. — Je mis,
nous mîmes. — J'ai mis. — J'eus mis. — J'avois mis. — Je
mettrai, nous mettrons. — J'aurai mis. — CONDITIONNEL.
Je mettrois, nous mettrions. — J'aurois *ou* j'eusse mis. — IM-
PÉRATIF. Mets, mettons, mettez. — SUBJONCTIF. Que je
mette, que tu mettes, qu'il mette, que nous mettions, que
vous mettiez, qu'ils mettent. — Que je misse, que nous mis-
sions. — Que j'aie mis. — Que j'eusse mis. — INFINITIF.
Mettre. — Avoir mis. — Mettant. — Mis, mise, ayant mis.

Conjuguez de même les verbes suivants : *Admettre,
promettre, compromettre, soumettre, commettre,*

remettre, *démettre*, *entremettre*, *omettre*, *permettre*, *transmettre*.

XXXe. MOUDRE, *verbe actif*.

INDICATIF. Je mouds, tu mouds, il moud, nous moulons, vous moulez, ils moulent. — Je moulois, nous moulions. — Je moulus, nous moulûmes. — J'ai moulu. — J'eus moulu. — J'avois moulu. — Je moudrai, nous moudrons. — J'aurai moulu. — CONDITIONNEL. Je moudrois, nous moudrions. — J'aurois *ou* j'eusse moulu. — IMPÉRATIF. Mouds, moulons, moulez. — SUBJONCTIF. Que je moule, que nous moulions. — Que je moulusse, que tu moulusses, qu'il moulût, que nous moulussions, que vous moulussiez, qu'ils moulussent. — Que j'aie moulu. — Que j'eusse moulu. — INFINITIF. Moudre. — Avoir moulu. — Moulant. — Moulu, moulue, ayant moulu.

Émoudre et *rémoudre* se conjuguent de même.

XXXIe. PRENDRE, *verbe actif*.

INDICATIF. Je prends, tu prends, il prend, nous prenons, vous prenez, ils prennent. — Je prenois, nous prenions. — Je pris, tu pris, il prit, nous prîmes, vous prîtes, ils prirent. — J'ai pris. — J'eus pris. — J'avois pris — Je prendrai, nous prendrons. — J'aurai pris. — CONDITIONNEL. Je prendrois, nous prendrions. — J'aurois *ou* j'eusse pris. — IMPÉRATIF. Prends, prenons, prenez. — SUBJONCTIF. Que je prenne, que tu prennes, qu'il prenne, que nous prenions, que vous preniez, qu'ils prennent. — Que je prisse, que tu prisses, qu'il prît, que nous prissions, que vous prissiez, qu'ils prissent. — Que j'aie pris. — Que j'eusse pris. — INFINITIF. Prendre. — Avoir pris. — Prenant. — Pris, prise, ayant pris.

Il faut conjuguer de même les verbes suivants : *Reprendre*, *apprendre*, *désapprendre*, *rapprendre*, *comprendre*, *entreprendre*, *se méprendre*.

XXXIIe. ROMPRE, *verbe actif*.

INDICATIF. Je romps, tu romps, il rompt, nous rompons, vous rompez, ils rompent. — Je rompois, nous rompions. — Je rompis, nous rompîmes. — J'ai rompu. — J'eus rompu. — J'avois rompu. — Je romprai, nous romprons. — J'aurai rompu. — CONDITIONNEL. Je romprois, nous romprions. — J'aurois

ou j'eusse rompu. — IMPÉRATIF. Romps, rompons, rompez.
— SUBJONCTIF. Que je rompe, que nous rompions. — Que
je rompisse, que nous rompissions — Que j'aie rompu. — Que
j'eusse rompu. — INFINITIF. Rompre. — Avoir rompu. —
Rompant. — Rompu, rompue, ayant rompu.

Corrompre et *interrompre* se conjuguent de même.

XXXIIIe. SUIVRE, *verbe actif.*

INDICATIF. Je suis, tu suis, il suit, nous suivons, vous
suivez, ils suivent. — Je suivois, nous suivions. — Je suivis,
nous suivîmes. — J'ai suivi. — J'eus suivi. — J'avois suivi. —
Je suivrai, nous suivrons.—J'aurai suivi.—CONDITIONNEL.
Je suivrois, nous suivrions. — J'aurois *ou* j'eusse suivi. — IM-
PÉRATIF. Suis, suivons, suivez.—SUBJONCTIF. Que je sui-
ve, que nous suivions. — Que je suivisse, que nous suivissions.
— Que j'aie suivi. — Que j'eusse suivi. — INFINITIF. Suivre.
— Avoir suivi. — Suivant. — Suivi, suivie, ayant suivi.

Poursuivre et *s'ensuivre*, se conjuguent de même.
Mais *s'ensuivre* n'est d'usage qu'aux troisièmes personnes, et le plus souvent impersonnellement.

XXXIVe. VAINCRE, *verbe actif.*

INDICATIF. Je vaincs, tu vaincs, il vainc, nous vainquons,
vous vainquez, ils vainquent.—Je vainquois, nous vainquions.
—Je vainquis, nous vainquîmes. — J'ai vaincu. — J'eus vaincu.
— J'avois vaincu. — Je vaincrai, nous vaincrons. — J'aurai
vaincu. — CONDITIONNEL. Je vaincrois, nous vaincrions.—
J'aurois *ou* j'eusse vaincu. — IMPÉRATIF. (*Hors d'usage à
la seconde personne du singulier.*) Vainquons, vainquez.—SUB-
JONCTIF. Que je vainque, que tu vainques, qu'il vainque,
que nous vainquions, que vous vainquiez, qu'ils vainquent —
Que je vainquisse, que nous vainquissions. — Que j'aie vaincu.
— Que j'eusse vaincu. INFINITIF. Vaincre. — Avoir vaincu.
— Vainquant. — Vaincu, vaincue, ayant vaincu.

Convaincre se conjugue de même.

XXXVe. BATTRE, *verbe actif.*

INDICATIF. Je bats, tu bats, il bat, nous battons, vous
battez, ils battent.—Je battois, nous battions.—Je battis, nous
battîmes. — J'ai battu. — J'eus battu. — J'avois battu. — Je
battrai, nous battrons. — J'aurai battu. — CONDITIONNEL.

Je battrois, nous battrions. — J'aurois *ou* j'eusse battu. — IMPÉRATIF. Bats, battons, battez. — SUBJONCTIF. Que je batte, que tu battes, qu'il batte, que nous battions, que vous battiez, qu'ils battent. — Que je battisse, que nous battissions. — Que j'aie battu. — Que j'eusse battu. — INFINITIF. Battre.— Avoir battu. — Battant. — Battu, battue, ayant battu.

Abattre, combattre, débattre, ébattre, rabattre, rebattre, se conjuguent de même.

XXXVIe. VIVRE, *verbe neutre.*

INDICATIF. Je vis, tu vis, il vit, nous vivons, vous vivez, ils vivent.—Je vivois, nous vivions.— Je vécus, nous vécûmes. — J'ai vécu. — J'eus vécu. — J'avois vécu. — Je vivrai. — J'aurai vécu. — CONDITIONNEL. Je vivrois. — J'aurois *ou* j'eusse vécu.—IMPÉRATIF. Vis, vivons, vivez. —SUBJONCTIF. Que je vive, que nous vivions. — Que je vécusse. — Que j'aie vécu. — Que j'eusse vécu. — INFINITIF. Vivre.—Avoir vécu. —Vivant. — Vécu, ayant vécu.

Revivre et *survivre* se conjuguent de même.

VERBES HOMONYMES,

C'est à-dire, verbes qui, avec une orthographe et une signification différentes, ont la même ou à peu près la même prononciation.

Anoblir.			Pêcher.
Ennoblir.	Compter.	Enter.	Pécher.
—	Conter.	Hanter.	—
Bâiller.	—	—	Rallier.
Bailler.	Déceler.	Exaucer.	Railler.
Bayer.	Desceller.	Exhausser.	—
—	Desseller.	—	Raisonner.
Buter.	—	Lacer.	Résonner.
Butter.	Déférer.	Lasser.	—
—	Déferrer.	—	Répandre.
Celer.	—	Panser.	Rependre.
Sceller.	Dégoûter.	Penser.	—
Seller.	Dégoutter.	—	Tacher.
—	—	Pauser.	Tâcher.
Chaumer.	Délacer.	Poser.	—
Chômer.	Délasser.	—	Vanter.
			Venter.

Verbes qui ne sont homonymes qu'à certains temps ou à certaines personnes.

Aller.	—	—	—
Allier.	Déparer.	Lacer.	Recouvrer.
	Départir.	Lacérer.	Recouvrir.
—		Lasser.	
Buter.	—		—
Butter.	Desserrer.	—	Remplier.
Boire.	Desservir.	Lier.	Remplir.
		Lire.	
—	—		—
Carrer.	Dorer.	—	Repartir.
Carier.	Dormir.	Mener.	Répartir.
		Menacer.	
—	—		—
Ceindre.	Durer.	—	Rêver.
Saigner.	Devoir.	Mirer.	Révérer.
		Mettre.	
—	—		—
Cirer.	S'écrier.	—	Serrer.
Scier.	S'écrire.	Moudre.	Servir.
		Mouler.	
—	—		—
Confier.	Être.	—	Soufrer.
Confire.	Haïr.	Parer.	Souffrir.
		Partir.	
—	—		—
Convaincre.	Être.	—	Savoir.
Couvenir.	Suivre.	Parer.	Suer.
		Paroître.	
—	—		—
Coudre.	Être.	—	Savoir.
Coudrer.	Fumer.	Peigner.	Sucer.
		Peindre.	
—	—		—
Crever.	Être.	—	Teindre.
Crevasser.	Sommer.	Plaire.	Tenir.
		Pleuvoir.	
—	—		—
Croire.	Déteindre.	—	Taire.
Croître.	Détenir.	Policer.	Tuer.
		Polir.	
—	—		—
Décrier.	Fier.	—	Vaincre.
Décrire.	Faire.	Prier.	Venir.
		Prendre	
—	—		—
Dédier.	—	—	—
Dédire.	Fonder.	Puer.	Vivre.
	Fondre.	Pouvoir.	Voir.
Défier.			
Défaire.			

FIN.

TABLE.

PREMIÈRE PARTIE.

DE L'IMPRIMERIE DE P. DIDOT L'AÎNÉ, rue du Pont Lodi, n° 6.